# os 5 fundamentos de reencontro com seu EU

## LUCY MARI TABUTI

Copyright© 2023 by Literare Books International
Todos os direitos desta edição são reservados à Literare Books International.

**Presidente:**
Mauricio Sita

**Vice-presidente:**
Alessandra Ksenhuck

**Chief Product Officer:**
Julyana Rosa

**Diretora de projetos:**
Gleide Santos

**Capa:**
André Stenico

**Revisão:**
Leo Andrade e Rodrigo Rainho

**Chief Sales Officer:**
Claudia Pires

**Impressão:**
Gráfica Paym

---

**Dados Internacionais de Catalogação na Publicação (CIP)**
**(eDOC BRASIL, Belo Horizonte/MG)**

T114c  Tabuti, Lucy Mari.
       Os 5 fundamentos de reencontro com seu eu / Lucy Mari Tabuti. – São Paulo, SP: Literare Books International, 2023.

       ISBN 978-65-5922-623-8

       1. Autoconhecimento. 2. Autodesenvolvimento. 3. Técnicas de autoajuda. 4. Perdão. 5. Amor. 6. Felicidade. I. Título.
                                                              CDD 158.1

**Elaborado por Maurício Amormino Júnior – CRB6/2422**

---

Literare Books International.
Alameda dos Guatás, 102 – Saúde – São Paulo, SP.
CEP 04053-040
Fone: +55 (0**11) 2659-0968
site: www.literarebooks.com.br
e-mail: literare@literarebooks.com.br

# os 5 fundamentos de reencontro com seu EU

# DEDICATÓRIA

À vida...
Ao conhecimento...
Ao aprendizado...
Aos saberes...
Ao ser humano...
À liberdade...
À plenitude de se viver...

# AGRADECIMENTOS

> *"Aqueles que passam por nós não vão sós, não nos deixam sós. Deixam um pouco de si, levam um pouco de nós."*
> **(Antoine de Saint-Exupéry)**

Todas as nossas conquistas são regadas pela superação de desafios, por meio de esforços e determinação, com muito aprendizado e conhecimento. Só assim, o resultado é construído com amadurecimento e reconhecimento. Foi assim a trajetória pela jornada da minha vida, que inspirou a construção desta obra.

E foi também com pessoas que caminharam lado a lado comigo, acreditando, me apoiando, compartilhando, motivando e me auxiliando a permanecer no caminho que me faz entender o sentido da vida, por meio do perdão, do autoperdão, do amor, do amor-próprio e da gratidão.

Permanecer trilhando uma jornada literária com o mesmo propósito de vida nos leva a produzir resultados com valor agregado para a sociedade, o que envolve a família, os amigos, todos os seres humanos e, principalmente, a nós mesmos, inevitavelmente. E, por esse motivo, tenho imensa e pura gratidão a todas as pessoas que estiveram, em algum momento, nesta jornada, sendo e fazendo parte do valor produzido por esta obra.

Gratidão aos estudantes, que julgo serem os "meus salvadores", que confiaram a troca de inteligências e saberes em nossas salas de aula e, muito mais que isso, que foram confidentes, ouvintes e me mantiveram "viva" nos momentos em que eu mais precisei.

Gratidão aos educadores e mentores que passaram, e ainda passam, pela minha vida, por serem dedicados, com diversos e importantes direcionamentos, ensinamentos, acolhimentos e, principalmente, pela paciência, enriquecendo com seus conhecimentos e diretrizes todos os meus momentos acadêmicos e profissionais, e que foram fundamentais para os resultados obtidos.

Gratidão às salas de aula, às escolas, aos laboratórios, às universidades, pelo acolhimento acadêmico e pelas oportunidades permitidas para gerar novos conhecimentos e saberes, e especial gratidão a todos os colegas estudantes, que proporcionaram momentos de interação e uma convivência agradável, memorável e sustentável.

Gratidão aos empreendedores, *startups*, empresas, negócios e líderes por compartilhar projetos e pesquisas inovadores, e especial gratidão aos mentores, por compartilhar seu rico, vasto e valoroso conhecimento, que fundamentaram este produto literário.

Gratidão grande e especial a todos os estudantes e mentorados, entre os quais me encontro também, por se permitirem sentirem-se desafiados e com sede pelo aprendizado e conhecimento que somam suas motivações às minhas, para gerar condições de se recriar um mundo melhor com pessoas melhores.

Gratidão, Shiguenori e Cecilia, por me proporcionarem a vida, por me conduzirem pelo caminho da educação, do profissionalismo e por me permitirem ser simplesmente filha e viver minhas próprias escolhas.

Gratidão, Meire, Lyka, Sayuri, por me mostrarem que é gostoso relembrar sorrindo com alegria e felicidade os melhores momentos marcantes e inesquecíveis de nossa vida.

Gratidão, Akira e Hideki, por me fazerem entender o sentido da vida, por me ensinarem que ser mãe é muito além de educar, acolher e cuidar, mas também aprender e compreender que cada ser humano é único em sua essência natural e que o respeito sem julgamento leva à verdadeira felicidade.

Enfim, todo ciclo termina para que um novo ciclo mais evoluído se inicie. Que venham os novos desafios desse novo ciclo...

**Lucy Mari**

# PREFÁCIO

Como apresentar uma obra tão profunda, sensível e verdadeira, sem antes passar pela autora e protagonista desta história? Seria impossível explicar a dimensão deste livro sem o desafio de descrever Mari Lucy Tabuti.

Eu conheci a Mari numa plateia, quando tive o prazer de me sentar ao seu lado em alguns momentos e me sentir muito bem com sua energia diferenciada, leve e fluida, em meio a uma multidão. Alguns anos depois, nos encontramos novamente, quando passei pelo seu processo único do método MindSer com Hipnoterapia.

Antes de a Mari ser psicoterapeuta, ela é uma infinidade de coisas: matemática, educadora, cientista da computação, engenheira, palestrante, professora, curadora, gestora e coordenadora em universidades, fundadora, presidente e diretora de seu próprio instituto, voluntária e uma mega organizadora de eventos. Que eventos? Vários, que colaboram com a Educação, a Aprendizagem, o Autoconhecimento, a Tecnologia e o Desenvolvimento Humano.

É impossível decifrar Mari em poucas palavras. Não bastasse um currículo invejável, que faz parte da trajetória deste livro, ela também acumula uma variedade de adjetivos raros. Trata-se, definitivamente, de uma pessoa acima da média.

Mari é uma mulher moderna, à frente do seu tempo. Foi à luta, se desenvolveu, cresceu e hoje trabalha em função de apoiar milhares de pessoas, especialmente jovens e estudantes, a seguirem no mesmo caminho que ela: o do crescimento e do desenvolvimento de si mesma.

De onde nasce o propósito do ser humano? Geralmente, de uma dor, de um trauma que se vivenciou na infância, na adolescência ou no seio familiar, que se intenta fazer diferente. E é exatamente isso que ela faz.

Se um dia Mari foi tímida e sentiu que tinha dificuldade na aprendizagem, hoje ela é absolutamente o oposto disso. Percorreu, em seu propósito, o maior desenvolvimento que poderia percorrer: o da superação de si própria.

Mari é uma mulher de sucesso, linda, inteligente, comunicativa, líder, contagiante, referência em tudo o que faz, mas ao contrário do que poderia se supor, ela não perdeu a simplicidade, mas a fez crescer dentro dela.

Com tudo o que conquistou, se tornou uma espécie de Robin Hood de saias, uma vez que ela é remunerada, por uns, pelos seus trabalhos, para poder fazer com que o trabalho voluntário beneficie outros, numa leveza que parece trazer equilíbrio para todos os envolvidos.

Este primeiro livro da autora narra a sua trajetória de vida entrelaçada ao método exclusivo de terapia que criou, o MindSer. Temos a honra de conhecer, em primeira mão, a sua narrativa pessoal e profissional, os dramas mais profundos e doloridos, ao mesmo tempo que percorremos o passo a passo do seu método que soma

Neurociência, hipnoterapia, análise sistêmica, mentes e comportamento humano.

Mari traz ensinamentos milenares de forma tão profunda e necessária, que nos permite uma total transformação, através do perdão, do autoperdão, do amor e do amor-próprio, da gratidão e da libertação.

Com uma pitada sutil de conceitos psicanalíticos, podemos compreender seu caminho e os nossos caminhos nas relações mais importantes de nossas vidas: com o pai e a mãe, depois com os filhos, trabalho, amigos, sonhos, rotinas e tudo o que envolve uma jornada de vida.

*Os 5 fundamentos de reencontro com o seu EU* é uma obra imperdível, leve, fácil, gostosa de se ler, do início ao fim, com depoimentos marcantes de pacientes, que apenas comprovam o poder do seu método.

O trabalho com suas pacientes mostra desde a evolução de uma jovem estudante e profissional que estava estagnada em uma questão familiar, até uma mulher fragilizada pela perda de seu bebê e outra que milagrosamente teve seu útero resgatado por esse trabalho surpreendente.

Num momento histórico de apoio às mulheres, Mari vem reforçar ainda mais o empoderamento feminino, o desenvolvimento profissional, pessoal, afetivo, de autoestima e toda sorte de necessidade que as mulheres vivenciam numa sociedade marcada pelo patriarcado.

Mari e sua obra se superam em tudo: no profissionalismo, no ineditismo, na verdade e no amor com que tudo foi feito.

Se este livro fala de gratidão, isso é o mínimo que eu posso expressar por ter cruzado o caminho dessa mulher gigante por dentro e tão delicada por fora: alguém que inspira e tem o instinto de altruísmo intrínseco à alma, ao que ela veio ser neste mundo.

Gratidão, Mari, por sua vida, por sua obra, por sua existência!

**Carolina Vila Nova,**
**Escritora e roteirista**

# INTRODUÇÃO

O que leva uma profissional renomada e bem-sucedida em diversas áreas a passar a dedicar toda sua vida ao ponto de vista de um método que leva as pessoas ao encontro do seu próprio EU?

Por que uma pessoa estabelecida decide mudar suas percepções de trabalho a partir de algo totalmente novo para ela, sem a certeza da aceitação e compreensão das pessoas e clientes ao seu redor?

Seria possível essa transformação, devido ao fato de essa pessoa ter sido moldada pela própria vida a esse fim? Estará o nosso propósito atrelado a tudo que vivemos e, sem saber, seguimos em sua direção?

Pois é exatamente sobre isso que a história de nossa protagonista vem nos ensinar. Toda dor e todos os traumas da infância e adolescência, quando encarados, nos encaminham a algo maior, nos colocam no caminho de nossa missão de vida, ainda quando não estamos nem aptos a perceber o fato.

É no turbilhão automático do dia a dia, durante a trajetória de vida, que nossos sonhos e objetivos acontecem, um pouquinho por dia, num processo lento e aparentemente demorado. Ao mesmo tempo que corremos para cumprir as obrigações diárias e não temos tempo o bastante para tudo, o que importa acontece lentamente: nossas relações mais importantes, com nossos pais, filhos, amores e nós mesmos.

Mari percebeu desde cedo que era sozinha. Não era a filha preferida do pai nem da mãe; aliás, parecia ser exatamente o contrário disso. Em momentos que ainda perduram em sua mente, ela se vê sozinha e calada no seu mundo de introspecção.

— Estranha! – Assim era rotulada.

A menina magra, de óculos marrons e que nunca interagia com ninguém sofreu de fobia e ansiedade social por cerca de quarenta anos, numa trajetória digna de um filme, pois tem dor e tem sucesso! Trauma e coragem. Superação e empoderamento! Um exemplo a ser seguido, numa história que inspira e ensina.

Mari poderia odiar a sua mãe e sua família, por sempre ter se sentido a última da fila, mas agradece por todo esforço que se viu obrigada a fazer, para que pudesse conquistar a atenção de quem, por consequência, mais lhe faltou a vida inteira: dela mesma!

# SUMÁRIO

**SABEDORIA ORIENTAL MILENAR**..........................19

Capítulo 1:
O PERDÃO ............................................................. 29

Capítulo 2:
O AUTOPERDÃO................................................... 73

Capítulo 3:
O AMOR E O AMOR-PRÓPRIO...........................113

Capítulo 4:
A GRATIDÃO........................................................153

Capítulo 5:
A LIBERTAÇÃO................................................... 195

DEPOIMENTOS.....................................................225

BÔNUS...................................................................247

# SABEDORIA ORIENTAL MILENAR

"O bambu, que se curva, é mais forte que o carvalho, que resiste."

Provérbio japonês

Como boa oriental, filha de japoneses, carrego em mim muito da Sabedoria Oriental Milenar, seja através da minha própria memória, seja da memória coletiva ou de meus ancestrais. Desde que nasci, fui influenciada por essa sabedoria, que costuma olhar bem mais para o espírito do que para o material. Por isso, ainda que eu tenha nascido no lado ocidental do mundo e tenha vivido de tal forma, a minha percepção sobre o mundo e a forma como eu trabalho são positivamente mescladas àquela sabedoria.

Pessoas que trabalham o espírito se tornam mais conscientes dos valores da vida, daquilo que realmente importa, e não se perdem no mundo capitalista, materialista e na sua forma automática de viver.

Todos temos a tendência de passar a vida focados no estudo e no trabalho, no crescimento profissional e financeiro, que muitas vezes nos fazem esquecer dos valores da família, do amor, do espírito e do próprio corpo. Não é assim que deve ser, pois o foco constante no material nos leva à alienação de quem somos em essência, em espírito.

Minha jornada profissional passa pelos 7 ensinamentos valiosos da Sabedoria Oriental Milenar, contados na parábola do bambu, aos quais os 5 passos do meu método MindSer se conectam: o autoperdão e o perdão, o amor, o amor-próprio, a gratidão e a libertação.

Essa não é a única parábola nem os únicos ensinamentos dessa sabedoria milenar, mas gosto de usar as características do bambu para mostrar, na prática, alguns conceitos tão simples, capazes de nos inspirar e transformar a nossa forma de perceber e interagir com o mundo.

O bambu é considerado uma planta nobre e sagrada, que denota a multiplicação e generosidade.

## CONHEÇA AS 7 LIÇÕES DO BAMBU SEGUNDO A SABEDORIA ORIENTAL

### 1ª. O BAMBU SE CURVA, MAS NÃO SE QUEBRA

**O perdão**
O fato de o bambu ser uma planta que se curva nos leva a pensar sobre a humildade que devemos ter durante a vida, a flexibilidade como característica que nos torna humildes e nos permite passar por situações com jogo de cintura, em vez de imposição e arrogância.

Quem carrega a humildade evita pesos desnecessários, pois enxerga a vida com mais leveza.

Faz parte da humildade o ato de perdoar.

Quem é humilde, tem mais facilidade para pedir perdão, é alguém que segue em frente, com a coragem de assumir seus erros e transformá-los em lições.

## 2ª. FRAGILIDADE APARENTE

### O autoperdão

A fragilidade do bambu existe somente em sua aparência. Na verdade, o bambu passa por várias estações rigorosas durante o ano, inclusive por tufões.

Assim como os seres humanos, o bambu é obrigado a enfrentar o frio extremo, o calor, as tempestades, e nem por isso deixa de seguir com suas funções.

Manter-se de pé mediante toda e qualquer dificuldade é uma das grandes lições dessa sabedoria, já que a vida é feita de altos e baixos, e não controlamos os acontecimentos como gostaríamos.

Já aceitar o que chega e compreender que todos os momentos são passageiros é uma lição para se levar durante toda a vida.

O bambu não se lamenta pelos problemas que passa, mas os aceita e promove o perdão a si mesmo com esse posicionamento.

O autoperdão tira o ser humano da perigosa posição de vítima e leva para a posição de aceitação, de seguir em frente, aconteça o que acontecer, assim como o bambu.

### 3ª. VIVER EM COMUNIDADE

**O amor e o amor-próprio**
Os bambus estão conectados entre si.

Isso nos leva à compreensão de nós mesmos como grupos: precisamos uns dos outros, nascemos de um pai e de uma mãe, temos avós, bisavós, possivelmente irmãos, filhos, sobrinhos e depois amigos, conhecidos, vizinhos, colegas de trabalho etc.

A dinâmica do bambu nos leva a entender que ninguém vive satisfeito e forte sozinho. Precisamos apreciar e valorizar a família, assim como prezar as amizades e até mesmo os desconhecidos que acabam fazendo parte da nossa vida.

Compartilhar a existência com alguém em amor, aprendendo a se doar, dia após dia, é um privilégio, por cada momento, mesmo com a dificuldade natural e inerente ao ser humano de conviver um com o outro.

A percepção do coletivo é o que nos torna mais fortes e melhores individualmente, assim como essa planta sagrada.

### 4ª. NÃO SE ABALAR PELOS MOMENTOS DIFÍCEIS

**A gratidão**
O bambu se mantém firme mesmo após o verão e inverno extremos. Ele resiste a toda tempestade porque a sua força está em seu tronco. Assim como nós, seres humanos, que compreendemos

a força do autoperdão, do perdão, do amor e chegamos à gratidão com naturalidade.

Essa sequência de posicionamentos nos permite ficar de pé; mesmo passando por momentos difíceis, seja na família, no trabalho, com os amigos ou com problemas de saúde, sempre encontramos força para superar as dificuldades.

O bambu não reclama dos momentos difíceis nem desiste de ser o que é.

Nós, seres humanos, devemos levar essa lição por toda a vida, pois nos abre os olhos para uma nova percepção, da não reclamação, do desafio e da superação. Esse novo olhar nos leva a agradecer a tudo e a todos, como o que chega para nos aperfeiçoar ainda mais.

## 5ª. SABEDORIA VEM DO VAZIO

**Libertação**

O bambu é oco por dentro, vazio, e sua anatomia nos ensina a manter a mente limpa, a nos libertar dos pensamentos e emoções negativas.

Assim como o bambu não pensa sobre o seu passado, as dificuldades por que passou, e não fica preso a nenhum sofrimento, a nossa mente precisa se libertar e se manter vazia para novas experiências de vida, abrindo espaço sempre para o novo e, por consequência, para um crescimento e aperfeiçoamento constantes.

Para adquirir e desenvolver essa sabedoria, é preciso eliminar da consciência todo sentimento de medo, orgulho, preconceito, e aquilo que leva à vida uma negativa e estagnada na dor.

Com a mente esvaziada de coisas ruins, ela fica apta a receber coisas novas o tempo todo e nós mantemos nela apenas o que vale a pena.

Esse é o processo que leva à libertação, pois abrimos mão de todo mal do passado, nos abrindo para constantes recomeços e reconstruções de nós mesmos.

### 6ª. CRESCER PARA O ALTO

O bambu é uma planta que cresce para o alto, e o ápice desse crescimento acontece nos períodos de chuva.

Com o ser humano, não é diferente. Precisamos das adversidades, do sofrimento, da dificuldade e da dor para nos desenvolvermos.

A vida nos leva sempre por esse caminho: de desafio, perdão e autoperdão por quem ou pela situação que nos trouxe esse momento, de amor e amor-próprio mediante a situação, gratidão pela forma como podemos perceber esse caminho e a libertação de estar sempre em crescimento.

Todas essas formas de encarar a vida nos levam ao crescimento.

O espírito clama por crescer, e a maneira como lidamos com a vida é o que nos dá acesso ao desenvolvimento da alma.

### 7ª. BUSCAR A SIMPLICIDADE

Desapego. Não devemos nos apegar a nada, mas compreender que a vida é impermanência.

Diferente de arrogância, prepotência e inveja, que nos paralisam em nossa trajetória, saber que na vida tudo é impermanente nos permite a leveza de não nos apegar a nada. Pelo contrário, nos motiva a buscar a simplicidade.

Fazer o bem a nós mesmos e aos demais faz parte dos 5 passos que trabalho constantemente em meu método MindSer, e isso torna a mim e todos os meus pacientes pessoas melhores.

É preciso ser simples como o bambu.

Simples, porém forte, grato, livre e feliz.

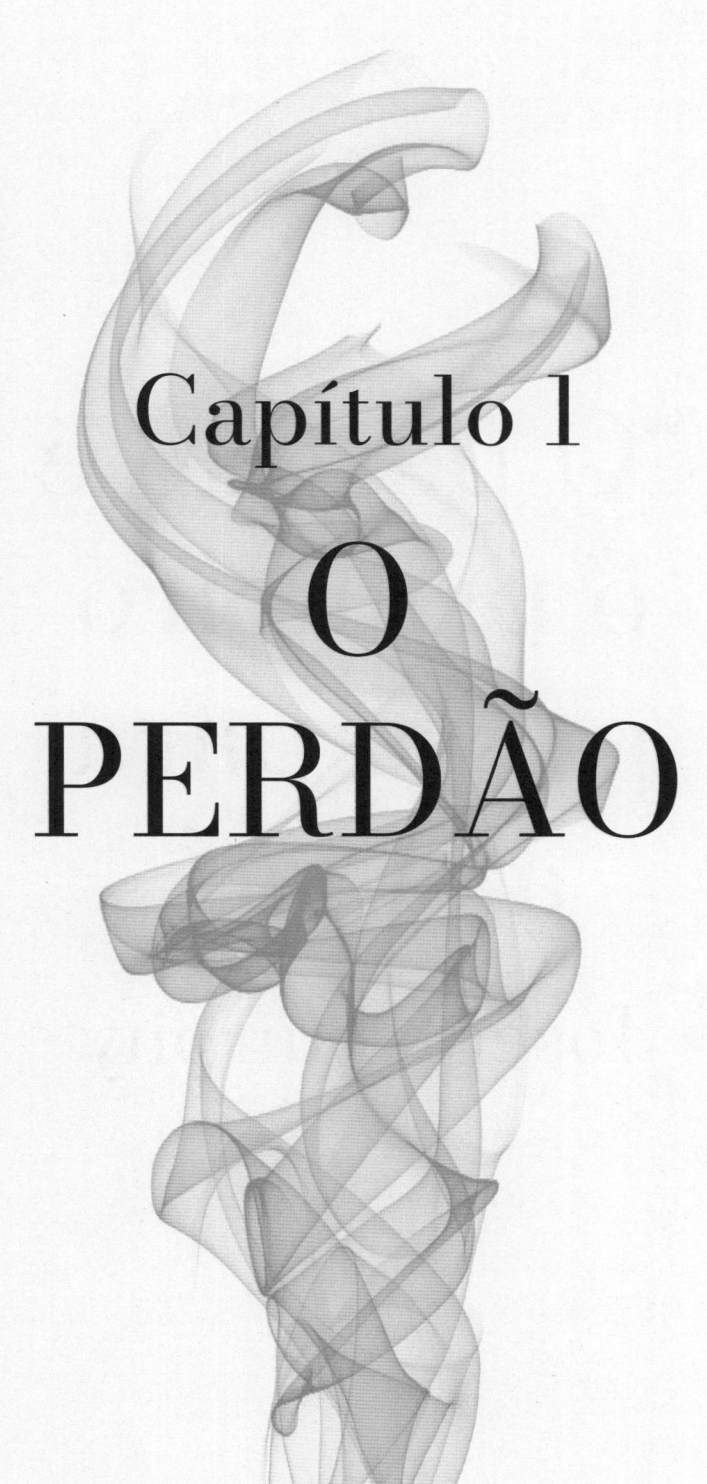

# Capítulo 1
# O PERDÃO

"O perdão é o primeiro passo para a cura."

Joseph Murphy

Quantos caminhos percorremos na vida até finalmente chegarmos ao perdão? Quais são os entendimentos necessários para a maturidade de aceitar o que fizeram de errado conosco? E fizeram mesmo algo errado conosco? Será?

É preciso tempo, muitos tapas na cara e amadurecimento, para a então compreensão do perdão como algo que presenteamos a nós mesmos. Como podemos afirmar, com toda a certeza, que nossos pais cometeram falhas em relação a nossa criação? Pais dão o que têm, o que tinham para dar, o que sabiam fazer com amor. Aquilo que acreditamos ter nos faltado nada mais é do que aquilo que eles também não tiveram, pois não o receberam de seus pais e, além de não terem aprendido a agir diferentemente, fizeram o que realmente acreditavam que era o melhor para nós.

Vivemos numa sociedade dinâmica, em que as pessoas simplesmente repetem e perpetuam os atos de sua ancestralidade por meio de sua descendência, de forma inconsciente e automática. Cabe a nós, no caminho da evolução, enxergar esse fato e agradecer pelo que foi recebido, ainda que, num primeiro olhar, tenha parecido pouco.

A cada geração, se observarmos com atenção, percebemos mudanças de comportamento e quebra de padrões. E quando somos nós a reclamar de algo negativo, temos a oportunidade de sermos os que romperão uma repetição, um hábito.

Por exemplo, se eu sou uma pessoa que se ressente com a falta de carinho na infância, posso me fazer de vítima e sofrer a vida toda por isso. Mas se, ao contrário, eu tiver a coragem de ressignificar essa dor, compreendendo que meus pais não me deram carinho porque também não o receberam de seus pais, eu rompo a conexão com a falta e me torno apta a, quando mãe, ser alguém que saberá dar carinho, curando a mim e as próximas gerações.

Isso pode acontecer em vários aspectos do comportamento, como: rejeição, insegurança, agressividade, violência, alcoolismo, negligência, exclusão e tanto mais. Tudo a que ficamos atentos e enxergamos, nos traz a oportunidade de fazer diferente, melhorando os padrões familiares e curando o que veio antes, abrindo espaço para algo novo, aos que virão depois.

O perdão é um processo de cura, que começa na compreensão de como a própria vida funciona, atuando sobre o comportamento humano de modo geral, e segue para a libertação de pesos desnecessários, abrindo espaço para o novo e o positivo. Quem perdoa seus pais pela falta permite ser presenteado pela vida, pois o olhar ressignificado permite amor, prosperidade, alegria e paz.

O perdão pode parecer algo feito a outrem, mas é, em primeiro lugar, uma atitude benéfica a nós mesmos.

Lucy Mari Tabuti

O perdão é o primeiro passo para a cura!

Presenteie-se, realize uma atividade de tratamento para o perdão após a leitura integral desta obra. São atividades que se atualizam com o tempo.

— Toma, Hideki!

Vejo meu sobrinho colocar um dos seus dois pedaços de frango frito no prato do meu filho.

"Que bonitinho!"

Estamos na casa da minha mãe, num almoço de família.

— Valeu, Felipe! – meu filho responde para o primo.

"Ufa, que bom, não vai ser obrigado a comer carne de panela. Nem berinjela!"

Antes que ele possa comer um pedaço do que acabou de ganhar, vejo a minha mãe vindo do fundo da casa.

"O que ela está fazendo?"

Como sempre, me sinto estremecida, a cada possível atitude dela.

"Por que, Mari? Por que você ainda se sente assim?"

Olho-a vindo do final do corredor e meu coração palpita.

"Por que eu sinto raiva? O que ela vai fazer?"

O ar me falta a cada passo que ela dá em nossa direção.

Parece que vejo algo ruim em seus olhos e pressinto que ela vai me decepcionar e me humilhar mais uma vez.

Ela cruza finalmente todo o corredor. Vejo seu avental e uma colher grande em sua mão, de quem largou algo no fogo, para vir até aqui e fazer algo importante.

"O que ela vai fazer? O que ela vai fazer?"

Ela passa por mim e nem me olha. Segue até a mesa e, em silêncio, simplesmente pega o pedaço de frango do prato do meu filho, com a própria mão, coloca-o no prato do meu sobrinho novamente e fala com firmeza:

— É para você, Felipe!

Ela sai, altiva como sempre.

"Mas o quê?"

Eu não consigo falar, me pego boquiaberta, sem sentir a minha respiração.

"O que ela acabou de fazer? Não faz sentido!"

Num misto de raiva e confusão, não consigo reagir, mas sinto uma explosão dentro de mim.

De alguma forma, sei que algo acaba aqui.

"O que você vai fazer, Mari?"

Respiro profundamente.

"Eu ainda não sei, mas eu vou fazer! Chega!"

Olho para o meu filho comendo a carne de panela, preferindo comer o frango frito; comendo berinjela, que ele não gosta.

Observo minha mãe dando seus últimos passos até o fim do corredor.

"É a última vez que você fez chantagem emocional com os meus filhos!"

---

Eu estou em casa, sozinha, no meu escritório.

Ainda assim, fecho a porta e me deito confortavelmente no sofá.

Viro a cabeça para o lado e aperto o *play* no gravador do meu celular.

"É agora, Mari! Para nunca mais!"

Encho o peito e solto, devagar:

— Ahhhhh.

Entrelaço as mãos sobre a minha barriga e fecho os olhos.

Ouço o som da minha própria voz, vindo do meu aparelho de telefone:

— Mari, eu posso te levar a se encontrar com o seu próprio EU?

"Eu até poderia rir da situação: uma pergunta com a minha voz para mim mesma. Autoconhecimento, Mari. Vamos lá!"

Sussurro:

— Sim.

"Afinal, nessa vida, sempre foi você por você mesma. E mais ninguém!"

A voz continua:

— Você quer se encontrar com a sua essência natural?

— Uhum.

Remexo os ombros e sinto as mãos uma na outra, me permitindo entrar no processo.

"É importante estar aberta para isso. E hoje eu estou, mais do que nunca!"

A gravação continua:

— Basta seguir as minhas sugestões, Mari!

"Ok!"

Presto atenção à voz, sem me ater ao fato de que sou eu mesma falando.

Então, ela diz:

— Inspire, fechando os olhos e permanecendo com os olhos fechados: você se sente tranquila, calma e serena, vai relaxando suas pálpebras. Sinta seus olhos bem pesados e um relaxamento invadindo seu corpo...

Estralo levemente o pescoço e foco a voz:

— Vai desligando os nervinhos dos olhos, deixa eles bem relaxados, até que fiquem todos desligados. Daqui a pouco, eu vou pedir para você tentar abrir seus olhos e você vai perceber que não vai conseguir, simplesmente porque você não quer mais, apenas quer que eles permaneçam relaxados nesse momento tão importante.

Sinto as pálpebras pesadas.

Ela me sugere:

— Muito bem, pode tentar abrir.

Eu sinto os olhos realmente pesados e não consigo abri-los.

"Ótimo! Está funcionando!"

Respiro profundamente, satisfeita.

A gravação continua:

— Isso mesmo, Mari. Agora nós vamos levar todo esse relaxamento dos seus olhos para o restante do seu corpo. Então, daqui a pouco, eu vou pedir para você abrir e fechar os olhos. Depois disso, você vai permitir que todo esse relaxamento se expanda para o seu corpo. Então, vamos lá? Abra os olhos!

Eu abro. Ela continua:

— Feche os olhos e permita que todo esse relaxamento vá para o seu corpo. Sinta esse bem-estar no topo da sua cabeça, nos seus ombros, chegando aos seus braços, às suas mãos, tórax, abdômen, costas, pernas, até a pontinha dos dedos dos seus pés.

Sinto tranquilidade e bem-estar.

— Muito bem, Mari! E, pela última vez, daqui a pouco, eu vou pedir para você abrir e fechar os olhos e, quando você fechar os olhos, você vai se permitir ir bem mais fundo no relaxamento físico. Então, vamos lá?

Apenas suspiro, focando a voz:

— Abra os olhos, feche os olhos... E se permita ir ainda mais fundo, até que seu corpo fique bem relaxado, tranquilo, sereno. Muito bem. Se você aceitou todas as minhas sugestões, o seu corpo já está totalmente relaxado e, agora que você já tem todo esse relaxamento físico, vamos relaxar a sua mente também.

Percebo minha respiração cada vez mais lenta, como se estivesse adormecendo.

Ela segue:

— Agora que você relaxou a sua parte física e está aberta a relaxar a sua mente, você está no seu melhor momento para ouvir sugestões e decidir se quer aceitá-las ou não. E se você as aceitar, estará pronta para mudar a sua vida. Então, para você alcançar o seu relaxamento mental, eu vou pedir que, daqui a pouco, em voz alta, bem devagar, você conte a partir do número cem, de trás para frente.

"Que bem-estar incrível! Até posso esquecer porque estou fazendo isso."

— E, conforme você vai contando os números, você vai perceber que eles deixam de ser importantes e vão desaparecendo na sua mente, como se eles se desintegrassem. Quando você chegar ao número noventa e sete, os números deixarão de existir, simples assim. Aí, você pode parar de contar, ok?

Apenas concordo:

— Sim.

— Muito bem, Mari, você começa a contar agora.

Eu tenho dificuldade para abrir a boca e falar, mas consigo fazer isso, como se estivesse embriagada:

— Cem, noventa e nove...

"É engraçado."

— Muito bem, Mari. Relaxando ainda mais.

— Noventa e oito...

Faço uma pausa.

"Que sono!"

Silêncio.

Retomo:

— Noventa e sete...

Paro, instantaneamente.

Ela prossegue:

— Agora, eu vou contar de dez a um e, a cada número que eu contar, você vai permitir que a sua mente fique cada vez mais relaxada. E, quando eu chegar ao número um, sua mente estará totalmente relaxada. Então, vamos lá!

"Sim!"

Respondo apenas em pensamento.

— Dez..., mais relaxada, nove... oito... quanto mais você relaxa, melhor você se sente, sete... qualquer som deste ambiente te permite ficar ainda mais relaxada. Seis... mais relaxada. Cinco... a minha voz te permite te manter ainda mais relaxada. Quatro... dobrando esse relaxamento. Três... muito mais relaxada. Dois... profundamente relaxada e um... totalmente relaxada. Muito bem, Mari!

"Uau. Sinto minha face anestesiada, tamanho o relaxamento, que atingi."

— Mari, agora eu vou contar de um até três. E, no número três, você vai sentir a melhor emoção que você já sentiu na sua vida. Você vai para o momento em que ela aconteceu pela primeira vez. No número três, você estará sentindo essa emoção. Vamos lá?

"Sim!"

— Um... dois... três... sentindo essa emoção!

Meu coração acelera.

"Que sensação estranha!"

Ela continua:

— Isso, deixa vir! Sente essa emoção. Mari, eu quero que você dê um nome para essa emoção linda e maravilhosa que você está sentindo. Qual é o nome? O primeiro nome que vier a sua cabeça, me fala!

Respondo, com a voz embargada:

— Alegria!

"Isso é mesmo alegria? Parece que é, mas é mais intensa, mais profunda!"

A voz continua falando comigo:

— Essa emoção está aí dentro de você de uma maneira muito forte, Mari! Eu vou contar de um a cinco e, a cada número que eu contar, essa emoção vai ficar cada vez mais forte e, no cinco, você estará explodindo com essa emoção de alegria dentro de você.

"Ok!"

— Então, vamos lá! Um... dois.... três... quatro... cinco. Essa emoção está mais forte dentro de você.

Sinto vontade de chorar.

Ela continua me fazendo sugestões:

— Um... sinta essa emoção com muita alegria. Dois... com felicidade. Isso... três... sinta essa emoção com amor. Quatro... sinta ainda mais essa emoção, agora com muita paz. E cinco... sinta essa emoção com toda a sua força. E quando você sentir essa força, você estará revivendo o primeiro momento em que sentiu essa emoção. Na sua infância, volte para o momento em que você sentiu essa emoção pela primeira vez.

"Uau!"

Eu me sinto uma criança, pequena, magrinha e não consigo falar.

"Eu não sabia falar, nem me expressar. Isso durou anos."

Ouço a voz no gravador:

— Eu sei, Mari, eu sei, que você tinha dificuldade para falar quando criança, mas ouça a minha voz e vá para o primeiro momento, em que você sentiu essa emoção positiva. Sinta, se permita viajar no tempo.

Eu respiro fundo e me vejo em outro lugar.

Nossa primeira casa só tinha um quarto, mas minha família acabou de se mudar para a segunda casa, bem mais espaçosa.

Estou com meus pais, que eu quase sempre chamo de Paidinho e Mãedinha.

Sei que meu pai fez um financiamento para comprar a casa. Eu só tenho seis anos e ainda não entendo bem o que isso significa.

Eu estou na porta de casa, atrás da minha mãe, que olha para fora.

Eu suspiro e sinto meu coraçãozinho batendo acelerado.

"Minhas irmãs vão sair, vão passear na casa da minha tia, no Rio de Janeiro, vão para a praia."

Meu Paidinho grita lá de fora:

— Tem certeza de que não vai, Mari?

Eu me escondo atrás da saia da minha mãe, muda, mas grito por dentro.

"Eu vou ficar com a Mãedinha. Minha mãe!"

Sinto-me absolutamente feliz, porque finalmente vou ficar sozinha com ela.

Suspiro.

"Vou ter ela só para mim!"

Meu pai e minhas irmãs saem com o carro e minha mãe fecha a porta.

Fico olhando para ela, tentando adivinhar o que vai fazer.

"O que será que ela quer que eu faça? Eu faço o que ela quiser!" Então, ela fala:

— Mari, Mari. Suas irmãs ficam todas felizes quando vão passear e você não sai de casa.

Não consigo responder. Estou segurando uma miniatura de Kombi azul de plástico e apenas sigo a Mãedinha até o sofá.

Ela se senta e eu me arranjo no chão, logo à frente dela. Mal me movimento, para não atrapalhar em nada. Eu nunca falo, não sei bem o que é isso.

Discretamente, olho para trás e fico olhando minha Mãedinha, que assiste à TV.

Encosto a cabeça no sofá e assisto ao programa também.

"Ai, ai."

De repente, sinto algo que nunca senti antes. É novo para mim.

Minha mãe passa as mãos no meu cabelo, de um jeito diferente, que não dói, como quando ela faz um rabo de cavalo.

"Que estranho, é bom! Sinto meu coração disparar, um calor invade meu peito e minha respiração fica acelerada. Sinto que quero chorar. Mas por que choraria? É tão bom!"

Eu não movo um dedinho sequer, tento controlar a emoção para a Mãedinha não parar de mexer no meu cabelo. Ela faz isso em silêncio. Não posso atrapalhar.

"Será que ela só fez isso agora porque estamos sozinhas? Ela nunca fez isso antes."

Sinto muita vontade de chorar, mas estou feliz, alegre.
Eu nunca me senti assim.

※※※※※※※※※※※※※※※※

Ouço a voz no gravador e me sinto de volta ao meu corpo:

— Mari, Mari, Mari, que bom que você se entregou a essa emoção positiva. Parabéns, isso é muito bom. Agora, me conta, o que você está sentindo? Onde você está?

Eu tento me mover, mas não consigo, estou totalmente inerte. Respondo com dificuldade:

— Estou com a Mãedinha, na nossa casa. Eu esperei todo mundo sair para ficar sozinha com ela e ela passou a mão no meu cabelo. Foi a única vez que fez isso na vida.

— Esse foi o melhor momento da sua vida, Mari?

"Como pode esse ter sido o meu melhor momento? Mas sim, acho que foi!"

— Acho que sim!

Sinto minha respiração mudar um pouco.

Ela continua:

— Muito bom, me diga, Mari: que cor você percebe, sentindo esse momento?

Espremo os olhos um pouquinho e sinto em minha mente:

— Vermelho.

A gravação responde algo engraçado:

— Eu acho que você respondeu vermelho, e peço agora que você sinta essa emoção positiva multiplicada por dez! Sinta esse momento de emoção aumentando... aumentando... e sinta como se pudesse tocar a cor vermelha, que representa a emoção desse momento. Olhe para a sua cor e veja nela toda a alegria e felicidade que está sentindo.

Eu me percebo profundamente emocionada, meu coração bate forte, eu quase posso sentir o lado de fora.

A voz continua:

— O que você acha de entregar essa cor e toda essa emoção que você está sentindo com o seu momento para a Mari adulta?

"É, eu fiz bem-feita essa sequência de sugestões!"

— Tá bom – respondo baixinho, com a timidez de menina.

A voz no celular me sugere:

— Você quer esse presente, Mari adulta?

— Quero!

Sinto-me rindo, por dentro e por fora.

Ela continua a falar comigo:

— Eu quero que você imagine a Mari criança, bem pequenininha e magrinha, à sua frente. Consegue sentir ela?

Consigo e respondo:

— Sim.

— Então, ela anda na sua direção, trazendo em suas mãos a cor vermelha para você. Mas não é só a cor vermelha, é toda a emoção daquele momento feliz que ela viveu. Você quer?

É como se a cor me remetesse às mãos da minha mãe no meu cabelo.

"Que sensação boa!"

Apenas respondo:

— Quero!

Ouço uma música tocando, junto à gravação. O momento fica mais emocionante. E a voz continua:

— Receba todo esse amor da Mari pequenininha à sua frente. Ela vai entrar no seu coração e ficar aí dentro de você, Mari adulta, para sempre, com paz e alegria. Sinta sua emoção, sua alegria e seu amor. Tudo isso faz parte de você agora, de uma forma muito mais forte que antes. Seu coração bate a cor vermelha por todo o seu corpo, apenas sinta! Permita-se sentir! Perceba que todo o seu corpo recebe essa cor e tudo fica vermelho, transmitindo as boas emoções para todas as partes do seu corpo.

Começo a chorar. A sessão continua:

— Tudo em você está vermelho, todos os seus órgãos mudaram de cor, se enchendo de emoções positivas. Tudo o que existe em você está ficando vermelho. Essa cor sobe para sua cabeça e se espalha pela sua mente, por toda a sua alma e espírito, levando alegria, felicidade e amor para tudo dentro de você.

"Uau!"

Ela prossegue:

— E também na sua história, na Mari criança e na Mari adulta, tudo é felicidade, plenitude, e você se sente completa, finalmente.

Sinto minha respiração com alegria e uma vibração que nunca senti antes.

Ela segue falando com firmeza:

— Toda essa felicidade abraça você e, agora, você sente vontade de dizer: "Eu me amo!" Repita para você mesma, Mari.

Eu digo com força:

— Eu me amo!

A voz fala com mais força:

— Mais uma vez, se abrace e diga o quanto você se ama.

Movo meus braços e me envolvo num autoabraço, e digo com vontade:

— Eu me amo!

Ficamos repetindo quase juntas, eu e a gravação:

— Eu me amo!

— Eu me amo!

— Eu me amo!

— Eu me amo!

— Eu me amo!

— Eu me amo!

Até que a voz no celular muda a sugestão:

— Diga: "Eu amo a minha família!"

Eu repito:

— Eu amo a minha família!

Repetimos algumas vezes e eu choro compulsivamente.

A frase muda:

— Eu amo a sociedade!

Repito várias vezes, com comoção.

E continuo obedecendo:

— Eu me perdoo.

A voz sugere firmemente:

— Eu perdoo a minha família.

Eu repito aos prantos e ela dá continuidade, sempre repetindo três vezes cada frase:

— Eu perdoo a sociedade.

Penso nas vezes em que me senti humilhada, envergonhada e choro.

A voz me manda repetir:

— Eu sou linda.

Eu repito e penso nas tantas vezes que minha mãe me criticou por causa da minha aparência ou modo de me vestir.

A gravação continua e eu acato todas as sugestões:

— Eu sou linda.

— A minha família e a sociedade sabem que eu sou linda.

— Eu sou inteligente.

— A minha família e a sociedade sabem que eu sou inteligente.

— E sou capaz.

— A minha família e a sociedade sabem que eu sou capaz.

Choro compulsivamente diante de tantas frases que me levam a reviver dores e momentos de sofrimento, me libertando de cada uma dessas lembranças.

— Eu sou criativa.

— A minha família e a sociedade sabem que eu sou criativa.

— Eu tenho muita autoestima.

Nesse momento, eu sinto vontade de gritar, mas repito a frase com o alívio de saber que hoje eu tenho, sim, muita autoestima:

— A minha família e a sociedade sabem que eu tenho muita autoestima.

Ela continua:

— Eu sou confiante.

— A minha família e a sociedade sabem que eu sou confiante.

— Eu sou segura.

— A minha família e a sociedade sabem que eu sou segura.

— Eu sou corajosa.

— A minha família e a sociedade sabem que eu sou corajosa.

— Eu sou excelente em transformar vidas.

— A minha família e a sociedade sabem que eu sou excelente em transformar vidas.

— Eu sou reconhecida pela minha família e pela sociedade.

— Eu sou reconhecida pela minha família e pela sociedade.

Sinto meu rosto, colo e pescoço todo molhado de lágrimas.

A voz fala comigo, agora mais calmamente:

— Muito bem, Mari, é isso mesmo. Você é linda, inteligente, capaz, criativa, tem muita autoestima e confiança; você tem segurança, é corajosa e é excelente em transformar vidas. É vista e reconhecida pela sua família, pelo seu pai, pela sua mãe, pela sociedade e principalmente por você mesma.

"Uau! Eu me sinto assim agora! É tão bom! Que incrível!"

Ela vai ainda mais longe:

— Parabéns pela pessoa que você é! Você sabe que, a partir de agora, você tem a cor vermelha batendo no seu coração, que foi dada de presente para você pela Mari pequenininha, que viverá para sempre aí dentro do seu coração. Ela vai ficar aí, sentindo o carinho da mãe dela no cabelo. E toda vez que você usar ou segurar algo vermelho, ver ou imaginar essa cor, ou mesmo sentir o vermelho, você volta a se sentir assim: plena, feliz e livre.

Percebo meu sorriso no rosto e apenas foco a voz:

— Agora eu vou contar de um a cinco e, quando eu chegar no cinco, você estará de olhos abertos, se sentindo muito alegre, feliz e em paz.

"Tá!"

— Faça uma respiração profunda. Um, sentindo as mãos, os pés... sentindo o quanto você é linda, inteligente, capaz, criativa, com muita autoestima, confiante, segura, corajosa.

"Sim, sim, sim, eu sou tudo isso mesmo! Você está certa! Eu sempre fui, só faltava eu tomar posse disso!"

— Dois, sentindo o quanto você é uma empresária de sucesso, vista e reconhecida pela sua família, pela sociedade e por você mesma. Três... tudo isso, porque você se ama, você se perdoa e você é livre. Quatro... e, a partir de agora, toda vez que você usar, vestir, ver, sentir ou imaginar a cor vermelha, você volta a sentir a alegria, a felicidade, o amor e a paz dentro do seu coração e na sua mente, porque a Mari criança vive assim no seu coração. E cinco... você, de olhos abertos, se sente feliz, alegre, em paz...

Eu abro os olhos e me percebo no meu escritório, exatamente como estava antes da gravação, mas diferente por dentro.
Suspiro:
— Ai, ai.
Enxugo o rosto molhado e faço uma respiração profunda.
Sinto-me bem.

---

Após uma ida ao banheiro, uma boa lavada no rosto e um copo d'água, estou novamente no sofá do meu escritório, pronta para apertar o *play* de outra gravação.
Olho-me no espelho na parede e pergunto:
— Você está pronta, Mari?
"Nem tudo é alegria nesse processo!"
— Mas é ressignificação e oportunidade de transformação – reforço para mim mesma.
Suspiro, estralo o pescoço para os lados e me preparo para começar.
Aperto o botão do gravador e entrelaço novamente as mãos sobre o meu corpo.
"Lá vamos nós!"
A gravação começa:
— Mari, você já está relaxada porque já fez esse processo hoje, então leve novamente esse relaxamento para os seus olhos, para o seu corpo e para a sua mente.

Respiro profundamente e solto o ar.

Ela fala mais:

— Sinta esse relaxamento invadindo todo seu corpo, tórax, abdômen, costas, braços, mãos, pernas e pés. Sinta até a pontinha dos dedos dos seus pés. Vai relaxando profundamente. E agora que você já tem esse relaxamento físico, eu vou relaxar a sua mente.

Começo a sentir minha face anestesiada de novo, como se estivesse numa cadeira de dentista.

"É incrível o poder desse processo terapêutico!"

A voz continua falando comigo:

— Você já sabe que, quando você se permite relaxar, permite aceitar ou rejeitar quaisquer sugestões que eu faça para você agora. E quando você aceitar minhas sugestões, você simplesmente percebe que pode mudar a sua vida positivamente, exatamente como você deseja. Principalmente, para você ter todo o seu sucesso profissional, pessoal, emocional e financeiro.

— Então, agora, eu vou contar de dez até um, e a cada número que eu contar, você vai perceber que a sua mente vai entrar num estado de relaxamento bem profundo. E quando eu chegar ao número um, a sua mente estará totalmente relaxada, certo? Então, vamos lá?

Penso em tudo o que vim fazer aqui hoje, mas foco a voz para alcançar o meu objetivo, limpando a minha mente de qualquer pensamento externo.

"Nada vai me deter!"

A voz volta a falar comigo:

— Dez, você começa a sentir um relaxamento bem profundo. Nove, dobrando esse relaxamento. Oito, qualquer som deste ambiente te permite se sentir mais relaxada. Sete, a minha voz te permite se sentir ainda mais relaxada. Seis, quanto mais você relaxa, melhor você se sente. Cinco, mais relaxada. Quatro, mais relaxada ainda. Três, dobrando esse relaxamento. Dois, profundamente relaxada. Um, totalmente relaxada. Muito bem.

"Uau, que bem-estar!"

Sinto minha respiração lenta e foco as próximas sugestões:

— Mari, agora eu estou conversando com a sua mente subconsciente, a mente que conhece todas as emoções que vivem dentro de você. Agora, eu vou contar de um a três e, quando eu chegar ao três, você estará sentindo a emoção que está impedindo você, hoje, de ser a pessoa que você quer ser. Você vai sentir a emoção que está levando você ao fracasso de ainda não ser tudo aquilo que você quer, de não usar todo o potencial que você sabe que tem, seja na sua vida pessoal, profissional ou emocional.

"Sim. É por isso que estou aqui"

Ela sabe exatamente o que eu preciso.

"Foco, Mari. Atenção à sua própria voz!"

Presto atenção:

— Quando eu chegar ao três, eu quero que você sinta a emoção que está relacionada com todo esse fracasso que você está sentindo agora, neste momento da sua vida. Aquilo que está emperrando o seu momento.

Sinto um pouco de mal-estar, mas permaneço atenta.

"Eu quero fazer isso. De uma vez por todas!"

Ela segue:

— No número três, você estará sentindo essa emoção negativa. Vamos lá? Um, dois, três. Sinta, Mari, sinta. Sinta essa emoção negativa dentro de você. Permita-se sentir. Apenas deixe vir essa emoção, por mais que doa. Eu quero que você traga à tona, agora, todos os momentos da sua vida que mais impediram você de crescer e ser feliz, Mari. Permita que esses momentos cheguem. Não tenha medo.

"Eu não estou com medo. Eu quero estar aqui, eu vou enfrentar tudo isso!"

Suspiro quase que imperceptivelmente.

Volto minha atenção à gravação:

— São os momentos que fizeram você se sentir pequena, humilhada, derrotada, infeliz, ansiosa, deprimida, insegura e, principalmente, rejeitada. Aqueles momentos em que tudo pareceu dar errado na sua vida. Pense nas pessoas que traíram você, deixe vir os momentos ruins. Reviva o quanto são doloridos todos os "nãos" que seu pai e sua mãe disseram para você em toda a sua vida. E deixe vir essa emoção.

Eu sinto como se não tivesse mais um corpo e me transporto para outro lugar.

"Minha nossa. Para onde estou indo? Não sinto mais meu corpo!"

Eu acho que estou na primeira casa dos meus pais.

"Onde eu estou? Que sensação estranha!"

Sinto que estou na barriga da minha mãe.

"Mas será possível?"

Estou ouvindo uma conversa.

Ouço a voz do Paidinho:

— Eu não quis mais trabalhar na roça, porque cansei da pobreza. Por isso, peguei uma mochila, pus nas costas e vim embora para São Paulo.

Mãedinha fala:

— Mas a dificuldade ainda não acabou, Sam. E eu não suporto mais morar com a sua mãe. Você vai ter que resolver a nossa vida. Senão, eu sumo daqui.

Ouço o som de passos e logo meu pai volta a falar:

— Eu estou cansado, Carmem. Ninguém quer ficar com a minha mãe.

— Nem eu! Muito menos eu.

Tem barulho de coisas, mas eu não sei o que é.

Meu pai parece bravo e fala outra vez:

— Ela já ficou com vários dos meus irmãos, mas ela joga as roupas de um pela janela, sai na rua sem roupa e grita para os vizinhos que estão maltratando-a.

— É, sua mãe é especialista em fazer um inferno na vida dos outros. Seu irmão até pôs uma arma na mão dela uma vez, porque ela queria matar todo mundo. Mas aí, ela não teve coragem.

O barulho para e meu pai pergunta para a minha mãe:

— O que você quer que eu faça?

— O contrato de aluguel está fazendo um ano, arrume outro lugar para a gente morar, senão eu largo você aqui e vou embora.

— Vai embora? Grávida e com uma filha pequena?

"Grávida? Ela está mesmo grávida? Então, eu estou mesmo na barriga dela!"

Minha mãe responde tocando a barriga, porque agora eu posso sentir:

— Vou! Pode apostar, que eu vou. Com a sua mãe eu não moro mais, de jeito nenhum.

— O que eu vou fazer, meu Deus do Céu?

Ouço os passos do meu pai saindo de onde ele está.

Minha mãe fica sozinha, comigo dentro de sua barriga.

---

Sinto que fui transportada para outro momento, como num sonho, e numa velocidade que não sou capaz de explicar.

Eu estou na segunda casa dos meus pais, sou bem pequenininha.

Vejo minha avó entregar um presente para minha irmã mais velha.

Eu não sei quase nada sobre a minha avó, porque minha mãe parece esconder os assuntos sobre ela.

Minha avó entrega um pacotinho para minha irmã, dizendo:

— Olha o que eu trouxe do Japão para você, Mi.

Ela abre o papel do presente bem embrulhado. Minha avó tira o presente das suas mãos e começa a colocar na roupa dela:

— Não é um broche lindo?

A Mi apenas balança a cabeça, agradecendo.

Eu fico olhando e esperando para receber o meu presente.

Elas continuam conversando, como se eu não estivesse aqui.

Eu me aproximo, mas não acontece nada.

"Cadê o meu presente?"

Sinto vontade de chorar.

"Não tem nada para mim? Por quê?"

Sinto-me engolir seco no tempo presente, digerindo com dificuldade essa emoção de um passado de que, conscientemente, eu não lembrava.

"Como dói, meu Deus!"

Porém, rapidamente, o meu subconsciente me leva para outro lugar. E já nem sei mais se a Mari do gravador está falando comigo ou não.

---

Estou em casa com minha mãe e minhas irmãs; estamos em fileira, uma do lado da outra. Minha mãe parece muito brava e grita com a gente:

— Se tiverem nota baixa no boletim, vocês vão ter que levar para o pai de vocês assinar. Nota baixa eu não assino. Estão entendendo?

Eu sinto vontade de fazer xixi, de tanto medo da minha mãe. E mais ainda do meu pai, que parece ser um carrasco, de tanto que ela nos amedronta sobre ele.

"Ai, meu Deus. Eu não posso tirar nota baixa na escola. Que medo!"

Olho para o lado e vejo a minha irmã mais velha, a Mi, depois a segunda, a Cy, e a caçula, a Sá, todas de pé, ao meu lado.

Nenhuma delas parece ter tanto medo quanto eu, mas acho que elas têm também.

Olho para a minha mãe e abaixo os olhos, rapidamente.

Estou com as mãos entrelaçadas em frente ao meu corpo, para baixo.

"Eu não posso tirar nota baixa na escola. Eu não posso!"

Sinto minhas perninhas tremerem e faço força para que elas fiquem firmes, para minha mãe não perceber.

Começo a sentir o alívio na bexiga, porque me sinto zonza, indo para outro evento da minha vida.

"Mas está tudo tão rápido. Como pode?"

---

Nós estamos em casa, todos vestidos com as melhores roupas, que na verdade são quase as mesmas para cada um, porque somos muito pobres.

Há uma movimentação na sala e meus pais estão dando orientações para alguém.

"Será que é uma festa?"

Observo o sofá laranja e vejo um fotógrafo explicando sobre como nos posicionarmos.

"Ah, o dia em que fizemos as fotos de família..."

Automaticamente, sinto um aperto no peito e um embrulho no estômago. Uma vontade de chorar me invade antes que eu possa reviver este dia.

Sinto meus olhos se espremendo, tentando pular esta lembrança, mas não consigo.

"Cadê a Mari da gravação? Cadê? Me tira daqui! Eu não quero lembrar desse dia. Por favor..."

De alguma maneira, meu subconsciente se sobressai e me dou conta de que terei mesmo que reviver este momento.

"Me ajuda, meu Deus!"

— Vem aqui! Isso, fica bem assim – o fotógrafo posiciona minha irmã mais velha com a caçula, ainda bebê, em seu colo.

Eu sorrio, feliz e inocente, aguardando o meu momento de tirar a foto.

Ele vai para trás da câmera e ouvimos o barulho da máquina, quando ele as fotografa.

— A próxima, agora – ele diz.

Eu me sinto radiante, o coraçãozinho acelerado, aguardando o meu momento de tirar a foto.

Dou um pulinho discreto, apertando as mãozinhas, e penso.

"Sou eu agora, sou eu. Eu sou a segunda filha!"

Mas, por algum motivo, eles me pulam.

— Vem! – ele posiciona a minha irmã mais nova e põe a caçula no colo dela.

Depois, ele se movimenta para trás da câmera e podemos ouvir novamente o barulho da fotografia sendo tirada.

Agora, me sinto nervosa.

"Minha vez! Minha vez! É minha vez de tirar foto com a minha irmã caçula no colo, esperei tanto por isso!"

Mas ouço a minha mãe dizendo:

— Pronto, pode fazer a foto de todas as filhas juntas!

"Mas como assim? Eu não tirei a foto com a minha irmã caçula!"

Eles começam a nos arrumar no sofá, ignorando totalmente o fato de que eu fui a única a não tirar uma foto sozinha com a minha irmãzinha caçula no colo.

"Por quê?"

Alguém me puxa para perto do sofá, bem no canto, e eu tento me inclinar com a minha irmãzinha no colo para aparecer na foto, compensando o fato de não ter tirado a foto sozinha com ela.

Vejo o fotógrafo se afastando e eu me esforço para me manter inclinada, com a bebê no colo.

— Vamos lá: um, dois e três!

O barulho da máquina outra vez.

— E pronto! Mais alguma foto?

"Agora eu, agora eu!".

Eu penso, me sinto esperançosa e feliz, mas não consigo me expressar.

— Não, não, fotografias são caras – meu pai responde.

— É, isso aí já está ótimo – minha mãe acrescenta.

"Mas e eu?"

Eu fico olhando para eles, sem entender por que não tiram a minha foto.

"Por que só eu não tive uma foto sozinha com a minha irmã caçula? Todo mundo tirou, menos eu..."

Eu tenho a forte sensação de que sou a última em tudo, mas não compreendo muito bem.

Uma tristeza de uma tonelada parece cair sobre o meu corpinho magro e frágil de menina.

Reprimo a vontade de chorar e até de falar sobre o que estou sentindo, pois não tenho a menor ideia de como explicar. E nem teria coragem para isso.

Um nó na garganta me faz pigarrear e tento me movimentar no sofá, mas sou rapidamente transportada para outro instante.

---

Eu e a Cy estamos brincando no quintal de casa.

— Pega, Cy!

Ouço sua risada e vejo que ela grita ao bater com sua raquete de plástico na peteca e, depois, em mim.

— Pega, pega, Mari! Pega!

Eu saio correndo e bato com a minha raquete na minha irmã.

A peteca cai longe, perto do Paidinho, que está sentado, lendo um jornal.

Do nada, ele se levanta e, sem dizer nada, caminha em minha direção, com um olhar raivoso e inquieto:

Eu me congelo, mal consigo me mover, de tanto medo.

É tudo muito rápido.

Sem dizer nada, ele pega a raquete das minhas mãos.

Sinto minhas perninhas tremendo, sem me mover.

"Ele não deve estar suportando esse barulho que estamos fazendo".

Ele levanta uma das pernas com força e empurra minha raquete contra ela, quebrando o meu único brinquedo neste momento.

"Eu não acredito!"

Sem dizer nada, sem qualquer explicação, volta a ler o jornal.

Eu olho para a Cy, que ainda tem a sua raquete inteira na mão.

"Por que ele quebrou a minha e não a dela? Por que essa atitude somente comigo e não com ela?"

Meu pai joga o que sobrou da minha raquete no telhado.

Eu seguro o choro.

"Mas ele não falou nada, que estava bravo. Por que ele não falou antes? Eu teria parado."

Vejo a Mãedinha chegando.

Ela diz:

— O seu pai é assim mesmo, estão vendo? Vocês têm que o obedecer, senão é isso aí.

Meu pai nem olha; continua lendo o jornal, como se nada tivesse acontecido.

Eu olho para a minha raquete no telhado, toda quebrada, e depois para a Cy, saindo com a sua raquete na mão, ainda inteirinha. E sem entender nada, apenas que a brincadeira acabou.

---

Estou chorando, mas percebo agora que ainda estou no meu escritório. Respiro fundo e toco levemente as minhas bochechas.

"Estão molhadas!"

A voz no gravador ainda está ativa:

— Me fala, Mari! Quando foi que você sentiu a emoção mais triste da sua vida?

Eu ainda estou de olhos fechados, zonza com as últimas lembranças que revivi.

"Eu tenho lembranças piores do que essa? Por que elas doem tanto? E o que vou fazer com elas?"

A gravação parece entender a minha confusão de sentimentos e pensamentos:

— Quando foi que você sentiu mais raiva, Mari? E mais tristeza?

Respiro fundo.

"Eu sei, ainda não acabou. Eu tenho muito o que repassar nesse processo para ressignificar a minha vida!"

Ela volta a falar:

— Eu te pergunto, Mari, qual foi a sua pior emoção negativa, que te fez chorar e sofrer? Foque minha voz e se permita sentir.

"Eu vou sentir. Eu vou reviver tudo o que for necessário, por mais que doa. Para finalmente perdoar. De uma vez por todas!"

Sinto os olhos fechados e a respiração sumindo.

Estou indo embora mais uma vez, só não sei para onde.

# MOMENTO REFLEXIVO

**Como você sente que é a sua vida hoje? Você está feliz? Pleno(a)?**
_____
_____
_____
_____
_____

**Se você pudesse dar uma nota de zero a dez para as áreas da vida, que nota daria?**
_____
_____
_____
_____
_____

**Responda para você mesmo(a) com sinceridade, e aproveite a oportunidade deste livro para também ressignificar a sua história de vida, se abrindo para uma transformação.**

Os 5 fundamentos de reencontro com seu EU

**Preencha com uma nota de zero a dez:**

| Sua vida... | Nota |
|---|---|
| Profissional | |
| Desenvolvimento Pessoal | |
| *Networking* | |
| Parentes | |
| Filhos | |
| Romance | |
| *Pets* | |
| Saúde Financeira | |
| Saúde Emocional | |
| Saúde Espiritual | |
| Doação | |
| Ambiente Físico | |
| Saúde Física | |
| Divertimento e Recreação | |

**Você acredita que a sua vida possa melhorar a partir do primeiro passo de cura, isto é, do perdão?**

_____
_____
_____

**Abra-se para esse passo, refletindo sobre a relação com os seus pais (ou em relação às pessoas que criaram você).**

**Qual foi o melhor momento que você viveu com o seu pai?**
_____
_____
_____

**E com sua mãe?**
_____
_____
_____

**E qual foi o pior momento que você viveu com o seu pai?**
_____
_____
_____

**E com a sua mãe?**
_____
_____
_____

Permita-se lembrar e sentir, ainda que venham lembranças positivas ou negativas. Encarar nossas emoções é o primeiro passo para a compreensão do que nos fere. Somente depois disso, podemos iniciar o processo de perdão.

Se você se permitir a leitura deste livro com o entendimento de que este processo também pode transformar a sua vida, acredite: você consegue, sim, transformar a sua vida!

# CONCLUSÃO SOBRE O PERDÃO

O que podemos concluir sobre a necessidade do processo de perdão? E por que motivo ele vem em primeiro lugar?

Durante a vida, carregamos muitas emoções e sentimentos que não são realmente necessários. Isso porque demoramos a lapidar a própria maturidade e a deixar para trás as mágoas que acumulamos durante a vida.

Todos vivemos uma trajetória de dores, necessidades e desejos, e enquanto não descobrimos o propósito de vida, tendemos a projetar nossas frustrações em nossos pais, como descrevi esses conceitos de forma mais profunda no livro *MindSer – A mentoria definitiva em 7 passos de quem já é sucesso para um sucesso surpreendentemente maior!*

É natural do ser humano culpar os pais por tudo que lhes acontece de ruim durante a infância, segundo a própria percepção. Porém, quando nos tornamos adultos, amadurecidos e conscientes, passamos a perceber que não devemos julgar nossos pais por seus supostos erros, pois, quando se tornaram pais, ainda carregavam dores e vivenciavam suas dificuldades, inclusive de serem pais.

Veja: uma criança, que se sente abandonada ou negligenciada não é capaz de perceber, por exemplo, se que aquele pai ou aquela mãe também foi (ou está sendo) negligenciado por seus avós ou pelo cônjuge, ou ainda por outra razão, como a falta de dinheiro, trabalho, conhecimento etc. Apenas quando crescemos internamente, nos damos conta de que nossos pais eram simplesmente tão humanos, errantes e imaturos como nós mesmos somos a maior parte da vida. Eles também tiveram dificuldades, quiçá bem maiores do que nós.

Por isso, o perdão é o primeiro passo para a transformação, pois é a partir desse entendimento que podemos nos libertar do passado, dos julgamentos injustos que fizemos e de toda mágoa, raiva e rancor que carregamos a partir disso, desnecessariamente.

O processo de cura através dos 5 passos não começa pelo perdão por motivo aleatório, mas por ser primordial ao que vem em seguida.

Tudo começa pelo perdão, já que é ele que nos liberta das emoções e sentimentos negativos que criamos em nós mesmos. Depois, vem o autoperdão, pois podemos nos perdoar pelo fato de termos julgado um dia.

Somente após esses dois passos, podemos sentir o verdadeiro amor e o amor-próprio. Enquanto há mágoas e julgamentos do passado, todo amor é patológico, com projeções sobre o outro, na ilusão de receber do parceiro ou da parceira o que supostamente não recebemos dos pais.

Após os passos do amor e amor-próprio, passamos a perceber o que é gratidão, um sentimento natural, que surge como consequência de todos esses passos.

Por último, vem a libertação, o encontro consigo mesmo, sem pesos ou amarras, na essência de quem se é, sem nenhum peso ou resquício negativo do passado.

No meu processo de descoberta pessoal, percebi que havia julgado meus pais injusta e desnecessariamente.

Paidinho e Mãedinha fizeram o melhor que podiam para mim e para minhas irmãs, conforme tudo que um dia receberam de seus pais. A cada geração, os pais evoluem, assim como os filhos. Quando olhamos para trás, para nossa ancestralidade, vemos mais dores e sofrimento. Se olhamos para a frente, a partir do que nos tornamos e podemos ainda nos tornar, vamos perceber a evolução e compreender que nossos filhos também serão melhores do que somos hoje.

A vida caminha para a frente, e assim o ser humano evolui, melhorando a cada geração em todas as áreas da vida.

Assim é!

# Capítulo 2

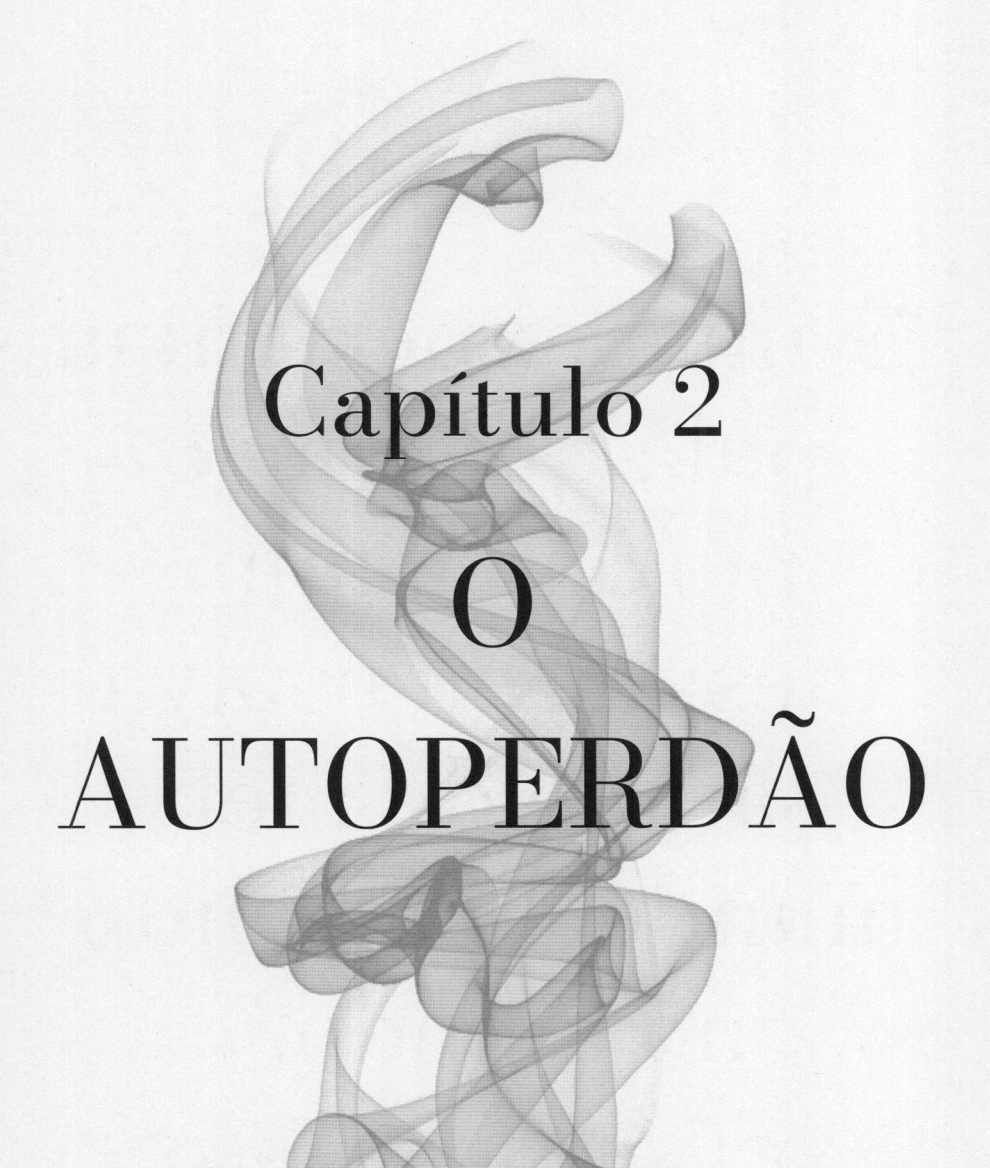

# O AUTOPERDÃO

"Numa experiência pela qual peço perdão a mim mesma, eu estava saindo do meu mundo e entrando no mundo."

Clarice Lispector

Quanto tempo leva para que o ser humano compreenda o caminho do autoperdão? Quando falamos em perdão, parece que automaticamente tocamos os nossos remorsos, mágoas e revivemos os momentos em que alguém nos magoou ou decepcionou.

As traições doem, assim como a deslealdade, a infidelidade e a mentira de toda ordem. A falta de amor, afeto, atenção ou a negligência no período em que éramos absolutamente frágeis, indefesos e desprovidos do conhecimento da vida.

Pensar no perdão, imediatamente, nos faz refletir sobre os que nos feriram de algum modo. Porém, existe uma importância ainda maior no que diz respeito a perdoarmos a nós mesmos.

Quando nos tornamos adultos maduros, adquirindo consciência, tomamos a autorresponsabilidade e passamos a enxergar o mundo de outra forma. Paramos de apontar o dedo para os demais e olhamos para dentro, na busca do que podemos transformar de fato.

Por exemplo, se alguém me magoou na infância por negligência, eu procuro o entendimento do que levou aquela pessoa a agir daquela forma, e fatalmente encontro uma explicação em seu passado, em sua história. Paramos de julgar, criticar ou diminuir o fato em uma coisa só. Todos somos universos e grande parte do que fazemos vem do inconsciente de cada um.

A maturidade, enfim, nos permite uma nova percepção sobre o ser humano, nos livrando do fardo de culpar, julgar e carregar mágoas. Com essa nova visão, vem o segundo passo, que é a amorosidade de olhar para si sem julgamentos.

Se eu fui negligenciada, o quanto culpei a mim mesma por isso? O quanto sofri me sentindo assim, por anos a fio? Quanta mágoa me permiti guardar, que me serviu como correntes de ferro, emperrando o fluir da minha própria vida?

Viver é um constante aprendizado e cada ser humano é único. Chegamos ao mundo sem receber manual de instrução, recebidos por outros, que também não receberam nada parecido. Isso não existe.

Naquilo que parece uma sucessão de erros numa trajetória de vida, passamos a entender que, entre o erro e o acerto, existem inumeradas experiências que nos levam ao melhor caminho; portanto, o errado não existe. Tudo faz parte do nosso crescimento e evolução como ser.

A clareza de que não somos incorretos, mas seres em constante crescimento, vivendo uma existência única, nos permite o perdão ao próximo e, depois, a nós mesmos, em frases que fazem toda a diferença e promovem a limpeza da alma e transformação deste ponto em diante:

— Eu me amo! Eu sinto muito! Eu me perdoo!

Leva-se tempo até chegar a essas palavras com profundo saber, mas, quando se chega a elas, iniciamos um processo libertador, de tudo o que se acreditou e se viveu antes.

E eu me perdoei, sim!

E você pode e deve se perdoar também!

Presenteie-se, realize uma atividade de tratamento para o autoperdão após a leitura integral desta obra. São atividades que se atualizam com o tempo.

PRESENTE PARA VOCÊ!

Eu ainda estou no processo de autoconhecimento, mas não sei ao certo o que irei vivenciar durante essa experiência.

Eu me abri para isso e confiei em mim mesma, tanto como terapeuta quanto como cliente, para fazer com que tudo funcione.

Suspiro.

"Parece que está dando certo!"

Procuro me concentrar na voz, que continua falando comigo:

— Mari, eu quero que a sua mente traga os momentos que você viveu e que mais impediram o seu crescimento: os fracassos, aqueles momentos em que tudo deu errado, em que você se sentiu pequena, humilhada, triste, onde nada pareceu dar certo. Tente sentir a traição das pessoas em relação a você, sua mãe, seu pai, todos que, em algum momento, você sentiu que faltaram com você.

"Ai, meu Deus! Que difícil..."

Sinto-me um pouco zonza, mas a gravação me remete a vários instantes.

---

Eu estou no quintal de casa, acho que tenho uns dez anos.

Vejo meu pai alegre, falando alto com outros homens:

— Truco! Truco!

Aproximo-me da mesa onde eles estão e fico olhando para o meu pai.

"Por que ele não é assim em casa? Com a gente?"

— Vai, pato! Truco!

Ele sorri e bate forte no ombro de uma pessoa que a gente mal conhece, mas com quem está se divertindo muito.

"Por quê? Por que ele é bem mais simpático com pessoas que não fazem parte da nossa família?"

Eu sinto um nó na garganta.

Tenho medo de me aproximar.

Admiro a alegria do meu pai. Mas me ressinto de ela não existir para mim.

Respiro fundo e sinto um peso no peito.

Logo, minha cabeça vai para outro lugar.

---

Eu estou na cozinha agora, em pé, ao lado da Mãedinha, que está lavando louça.

— Mari, saia daí, deixe sua mãe trabalhar sossegada.

"Não saio."

Fico calada e finjo que não entendi.

Meu pai reforça:

— Mari, deixa sua mãe lavar esses pratos, menina, o que é isso, que você não desgruda dela?

Eu sei que sinto um ciúme doentio da minha mãe, mas não sei explicar.

"Eu mal sei falar."

Paidinho lembra, irritado:

— Não é à toa que, quando eu carregava você bebê, você chorava.

Ele me olha bravo e continua:

— Só queria sua mãe. Vai entender?

Agora minha mãe se manifesta:

— Isso porque eu não queria ter filho, nessa pobreza era melhor não ter tido filho nenhum.

Sinto uma forte rejeição.

É como se uma voz falasse para mim:

— Pobre, pobre, pobre, nós somos pobres! Por isso sua mãe não queria você!

"O que é isso? Uma dor invade meu corpo inteiro, uma sensação ruim."

Percebo uma rigidez nos ombros e pescoço.

"Foco na voz, Mari! Foco!"

Respiro profunda e lentamente.

Ouço a voz no gravador:

— Vamos, Mari, se permita sentir as piores emoções que já sentiu na sua vida.

"É tudo tão rápido. Perdi a noção do tempo."

Permito-me somente continuar no processo.

"Para onde vamos?"

---

Eu tenho seis anos e ainda moro na nossa primeira casa, que é uma edícula, com um único quarto e banheiro.

## Lucy Mari Tabuti

Mãedinha chega com a compra do mês do supermercado.

Eu me aproximo para ajudar.

— Não vai comer nada, hein, Mari? Você sabe que essa compra é para o mês inteiro.

"Eu sei, eu sei, eu sei!"

Penso, sem dizer uma palavra.

Vejo a caixa de Bis.

"Uau!"

— Nem pense em abrir o chocolate agora. Você sabe que são dois para cada um. E para o mês todo.

"Sim. Eu sei, eu sei."

Vejo algo mais que também me chama a atenção:

— Posso pegar um Yakult, Mãedinha?

— Pode, mas só um.

Seguro o copinho e abro a gaveta em que minha mãe guarda suas coisas de costura. Pego a agulha e faço vários furinhos na tampa, para tomar bem devagar e sentir o gosto por mais tempo.

Minha mãe fica olhando, balançando a cabeça para os lados:

— Mas o que é isso, menina? Para que furar a tampa do Yakult?

Eu não respondo, fecho os olhos e bebo mais um golinho, apreciando a bebida. Assim, levo um tempão para terminar.

"É só uma vez por mês. Tenho que aproveitar!"

Todo mês é desse jeito, as compras são mais de alimentos não perecíveis do que frescos, porque é só uma vez no mês mesmo.

Mãedinha comenta que vai fazer o almoço:

— Hoje vai ter carne!

Sorrio.

"Carne? Só uma vez por mês!"

Sinto meu estômago roncar de tanta fome e vontade.

"Como é possível eu sentir fome, em autoconhecimento? Que processo incrível."

Presto atenção a minha respiração e me permito seguir o que me propus.

―――――――――――――――

Eu estou no quarto da minha mãe, admirando-a se arrumar e se olhar no espelho, após colocar um vestido.

Ela sabe que estou atrás dela e fala comigo:

— Eu sou uma Takase, onde Takai significa "mais alto", sou de uma família mais alta na hierarquia. Como seu pai é um Tabuti, é como se ele fosse de numa hierarquia mais baixa. Eu estou acima dele, entende, Mari?

Apenas mexo a cabeça para cima e para baixo, concordando.

Ela continua:

— Eu vim da nobreza. Meu avô era um samurai. Minha família era importante, diferente da do seu pai.

"Não entendo bem a importância disso. Tem alguma relevância?"

Suspiro.

"Parece que, para ela, tem."

Agora ela fala algo, cheia de ressentimento:

— Meu pai tinha um sítio e tinha dinheiro, mas depois que passaram a perna nele, tudo mudou, ele ficou pobre.

Ela bufa e chacoalha a cabeça.

— Depois disso, trabalhou num jornal até quase morrer.

Agora, ela abre uma gaveta, pega alguma coisa e se senta na cama:

— Olha aqui, Mari!

Eu me aproximo e ela abre um boletim:

— Está vendo? São as notas que eu tinha na escola. Eu era muito inteligente.

Sorrio.

"Uau!"

Ela continua e me mostra outro papel, com um texto escrito à mão:

— Olha a minha caligrafia, que bonita! Isso sim é uma letra bonita!

Ela suspira, toda cheia de si. E continua.

— Olha esse desenho, essa pintura, que perfeição!

"Nossa, a Mãedinha é realmente uma artista e muito inteligente! Quero muito ser assim quando crescer."

Eu fico bem quieta. Feliz por estarmos só eu e ela em seu quarto.

Para mim é um privilégio estar sozinha com a minha mãe. Faço tudo, o tempo todo, para que esses momentos aconteçam.

Minha cabeça parece dar um giro e eu sinto minha mente indo em outra direção.

A voz ainda fala no gravador:

— Entregue-se, Mari, entregue-se e se permita sentir, ainda que seja difícil.

"Eu permito!"

―――――――――――――――――――

É madrugada, eu estou acordada com a minha mãe, enquanto ela costura.

Olho no relógio da parede e vejo que são quase três da manhã.

— Não está com sono, Mari?

Faço sinal de negação com a cabeça.

Observo seus movimentos com os pés e com as mãos, manuseando a máquina de costura.

— Depois eu te ensino uma peça nova, menina.

Sorrio e fico toda cheia.

"Eu vou aprender e fazer direitinho, mãe, você vai ver."

Apenas penso e fico prestando atenção às conversas dela, que logo inicia outro assunto:

— Meus pais vieram para o Brasil fugindo da guerra. Já eu e seu pai, a gente se conheceu numa empresa de eletrônica, em que a gente trabalhava.

Ela olha para mim, para checar se estou prestando atenção, e em seguida continua:

— Você sabe, eu resolvi casar e abandonei minha profissão para cuidar de vocês; se tivesse continuado, tinha prosperado mais que o seu pai; abdiquei do sucesso profissional para cuidar da família.

"Coitada da minha mãe. Acho que ela não queria ter ficado grávida, foi obrigada a sair do trabalho porque não tinha com quem deixar a minha irmã. E pior: depois eu cheguei!"

Escuto o barulho da máquina de costura ficando cada vez mais alto, mais alto, até se transformar em outra coisa.

---

Ouço o motor de um carro.

Eu tenho uns treze anos e estou no carro com a minha mãe, o motor faz barulho e ela reclama:

— Que porcaria de carro. E justo agora, que a gente estava fazendo coxinhas, minha mãe foi dar problema?

Nós deixamos as coxinhas em cima da mesa da cozinha e saímos para ela resolver algum problema de família.

— Por que você veio junto, Mari, se eu nem te chamei?

Eu não respondo.

Ela me olha e solta:

— Você sempre vem, sem eu chamar... já que seu pai agora vive viajando a trabalho. De madrugada, somos só eu e você mesmo.

Eu fico olhando para fora quando, do nada, minha mãe muda completamente de assunto:

— Por que você não tem amigos, igual suas irmãs? Não tem namorado? Não sai?

Lembro-me de quantas vezes tive que sair com a minha irmã mais velha, para ela não ir sozinha, e as pessoas me chamavam de estranha:

— Sua irmã é estranha, não, Mi?

— Ah, ela é assim mesmo. Não ligue para ela.

Não era nada divertido ir aos bailinhos com ela, eu ficava sentada enquanto todo mundo interagia.

Minha irmã sempre me dava ordens: "Não pode contar que viu a gente beijando, Mari..."

Eu dava de ombros, ninguém falava comigo mesmo.

— Ai, ai.

Rapidamente, outra lembrança chega.

---

Sinto-me confusa, uma mistura de imagens entre o tempo de menina e de adolescente.

"Para onde estou indo?"

— Vai, Mari, você tem que entrar na escola!

— Eu não vou, mãe, quero ficar com você, quero ficar com você!

"É o meu primeiro dia de aula, quando eu tinha seis anos."

— Você vai ficar na escola, Mari!

— Eu não vou ficar! Eu não vou ficar!

— Vai ficar sim, menina! Onde já se viu?

— Eu não vou ficar, mãe. Não vou ficar!

A minha mãe olha para a professora com cara de brava, me desgarra de seu corpo e vai embora. Tento ir atrás dela, mas a professora segura firme minha mão.

— Eu quero ir com a minha mãe, eu não quero ficar aqui.

Ela me arrasta para a sala de aula.

Eu choro, como nunca chorei antes.

Sento-me próximo à professora e fico chorando na carteira.

— Mari, você não quer ficar do lado das meninas? – a professora tenta me tranquilizar.

Eu abaixo a cabeça e continuo chorando.

Estou de cabeça baixa, quando alguém cutuca o meu braço.

Uma menina me chama:

— Vem sentar com a gente!

Eu abaixo a cabeça de novo e só choro.

Passo o dia todo chorando, até o momento em que a minha mãe vem finalmente me buscar.

— Então, ela só chorou, professora? Mas que trabalho essa menina deu para a senhora. Me desculpe! Que vergonha.

— A senhora não se preocupe. Amanhã, vamos colocar ela na sala da irmã mais velha na primeira aula, para ela não se sentir sozinha.

Minha mãe torce os lábios:

— É, pelo menos ela não faz escândalo na escola.

— Até ela se acostumar, depois ela começa a vir direto para a sala dela. Vai dar tudo certo!

Depois de um mês indo primeiro para a sala de aula da minha irmã e depois para a minha, eu passo a ir direto para a minha sala, sem chorar.

"Que mico a minha irmã deve ter passado."

— Bom dia, Mari! Tudo bem?

Eu apenas olho e não respondo à professora.

"Entro muda e saio calada, todos os dias de aula. Não tenho vontade de falar. Tenho medo!"

O tempo passa e, na hora do intervalo, a professora me incentiva:

— Vai brincar, Mari!

Eu só respondo, outra vez, apenas em pensamento.

"Não!"

Fico muda, imóvel no pátio, sem interagir com ninguém.

— Menina estranha! – alguém diz.

"Não me importo!"

---

Anos se passam e eu posso me ver na mesma escola, do mesmo modo: absolutamente quieta, com medo das pessoas e de me comunicar.

Há uma festa e uma das professoras está entregando medalhas no palco:

— Hoje nós vamos premiar os melhores alunos!

Todos batem palmas e eu posso ouvir os assovios.

— Primeiro o aluno que teve as melhores notas!

Ela fala um nome e o garoto sobe até o palco.

Depois disso, outros alunos são premiados.

## Lucy Mari Tabuti

Presto atenção, sem me manifestar, até que ouço o meu nome:

— Para a aluna mais quieta da escola, Mari Tabuti, o prêmio de melhor comportamento do ano!

"Oi? Quem? Eu? Por quê?"

Algumas pessoas começam a me empurrar para o palco e eu sinto minhas bochechas se esquentarem, de tanta vergonha.

"Não, não, eu não quero ir!"

Sou obrigada a subir no palco.

Fico de cabeça baixa e alguém coloca a medalha no meu peito.

"Eu não quero estar aqui. Quero ir embora!"

Todos aplaudem e ouço alguém dizer:

— Essa menina é tão estranha!

Fico quieta e não olho.

Tento disfarçar meu medo e constrangimento e sumo no fundo do palco, de onde consigo sair.

"Graças a Deus!"

Sinto a minha respiração um pouco mais acelerada agora.

"Aonde o meu inconsciente vai me levar agora?"

---

Eu estou de novo na segunda série, da mesma escola.

Movimento minha mão rapidamente com o lápis e copio tudo o que a professora está escrevendo na lousa, quase ao mesmo tempo em que ela escreve.

"Vai, Mari, rápido, rápido!"

Meu ombro chega a doer, mas eu tenho que copiar bem rápido.

"Eu quero ser vista!"

A professora termina e se vira para a sala:

— Pronto, gente! Copiem rapidinho, que eu já vou passar para dar o visto no caderninho de vocês.

Eu levanto o braço e falo toda orgulhosa:

— Terminei, professora!

Ela se assusta:

— Mas já? Eu acabei de escrever!

— Terminei, professora.

— Mas que ligeirinha!

Ela vem, dá um visto no meu caderno e passa a mão na minha cabeça:

— Parabéns, Mari!

Fico toda cheia de mim.

"Eu finalmente sou boa em alguma coisa!"

E a professora acrescenta:

— Gente, vocês têm que ser como a Mari, olha como ela é rápida, só precisa melhorar a letra!

Vejo dois meninos cochichando e apontando o dedo para mim:

— Ela é estranha, isso sim!

Não me importo; mesmo tendo vontade de mostrar a língua para eles, não consigo reagir e só penso.

"Eu escrevo mais rápido do que vocês!"

Toca o sinal e ninguém quer ficar comigo, todo mundo sai correndo da sala.

"Não importa! Eu sou a que copia mais rápido! Sou eu que fui elogiada pela professora."

---

No mesmo dia, eu chego em casa, toda feliz, para contar para minha mãe sobre o elogio da professora:

— Mãe, a professora disse que eu sou a aluna que escreve mais rápido na sala, ela falou que todo mundo deveria ser como eu. Ela me chama de ligeirinha!

Ela está sentada no sofá e pega minha mochila, sem dizer uma palavra.

"O que ela vai fazer?"

Ela retira meu caderno da bolsa e o posiciona em seu colo.

"Nossa, ela vai ver que eu copiei tudo direitinho!"

Encho o peito, cheia de orgulho.

Ela joga a mochila para o lado e começa a folhear o caderno.

— Mas o que é isso, Mari?

— Eu copiei tudo ao mesmo tempo que a professora. Fui a primeira a terminar de copiar.

Minha mãe arranca a folha do caderno.

"Mas o que ela está fazendo?"

— Que porcaria é essa, Mari?

Ela me olha brava.

"Como assim?"

— Você vai escrever tudo de novo. Que letra horrível, menina!

Olho para a folha arrancada e percebo que a letra está mesmo ruim.

"Mas não está horrível!"

— Mas, mas... a professora gostou, mãe!

— Já mandei fazer tudo de novo! E com letra legível desta vez!

Eu pego a folha na mão e seguro o choro.

— Tá bom, mãe.

Ela se levanta e sai:

— Eu vou ver isso daí depois, viu? Faça direito desta vez.

Eu me sento no sofá e coloco o caderno no apoio para começar a escrever.

"Mas a professora gostou. Ela disse que gostou!"

Suspiro.

"Não interessa! Minha mãe odiou. Como sempre!"

※※※※※※※※※※

Eu estou no quarto, de cabeça baixa, ouvindo minha mãe brigar comigo depois de alguma bobeira qualquer:

— Você é muito geniosa, Mari! Não me obedece, não fala direito, tem que aprender!

"O que ela vai fazer? O que ela vai fazer?"

— Pode deitar aí.

"Oi?"

— Tira a blusa, que eu vou fazer o yaitô em você.

Imediatamente, eu começo a chorar:

— Eu não quero, mãe. Isso dói.

— É para doer mesmo! Assim, você aprende a me respeitar!

— Por favor, mãe, por favor.

Yaitô é o nome antigo da moxa, que os orientais usam para aquecer e queimar partes do corpo que estão doloridas, de forma terapêutica, mas, no caso de muitos pais japoneses, serve para dar de castigo em seus filhos.

"Como a minha mãe!"

Ela me empurra na cama, tirando a minha blusa.

— Não, mãe, não, por favor.

— Vai, Mari! Deita de costas.

Eu obedeço e choro, já esperando a dor que vai me queimar as costas.

Sinto ela posicionar o yaitô na terceira vértebra da minha coluna. Ouço o barulho do fósforo para acender o incenso e aperto os olhos.

"Aiiiii, eu não quero! Eu não quero!"

— Isso vai acalmar você, Mari!

— Não, mãe. Isso não acalma, machuca!

— Fica quieta! Você sabe que eu faço o yaitô de cinco a oito vezes.

Eu sinto as lágrimas molharem meu rosto, mas não me movo. Se o yaitô cair na cama, é capaz de ela deixá-lo mais tempo ainda, com aquilo tudo queimando.

— Eu não vou me mexer, mãe, mas por favor, tira antes de queimar a minha pele?

Ela não responde e eu já sinto as costas esquentarem.

— Por que eu sou a filha que você mais faz o yaitô?

— Porque você é a mais irritada, só por isso.

"Mas eu faço tudo que você quer. Sempre!"

Respiro fundo.

"Pois eu vou aprender a controlar a dor!"

Paro de chorar e respiro lentamente, sentindo a minha respiração.

Passo alguns minutos em silêncio.

— Ué, parou de chorar por quê?

Não respondo e continuo de olhos fechados, atenta ao ar entrando e saindo dos meus pulmões.

Respiro lentamente, enchendo o peito.

"Você nunca mais vai me ver chorar por isso. Pode fazer! Até me queimar! Eu não vou chorar!"

Solto o ar devagar.

Ouço o som do gravador e percebo a semelhança com a respiração atenta que fazia, quando minha mãe usava o yaitô em mim.

"Será coincidência? Eu já descobri lá atrás o poder da respiração e de uma mente controlada."

Sigo para outro lugar.

---

Eu estou na cozinha, sentada de frente para a minha mãe, que está segurando o meu caderno e me fazendo perguntas:

— Dois vezes cinco, Mari?

— Dez!

— Três vezes nove?

Penso rapidamente, para não demorar a responder:

— Vinte e sete.

— Sete vezes oito?

"Ai, meu Deus! Ai, meu Deus! Rápido, Mari! Rápido, antes que sua mãe faça alguma coisa!"

— Cinquenta e quatro?

Ela se levanta, brava:

— O quê?

— Não, não, não. É cinquenta e seis, mãe, cinquenta e seis.

Ela se senta de novo.

Olha brava para mim e continua:

— Oito vezes oito?

Solto o ar que estava preso dentro de mim, de tanto medo:

— Sessenta e quatro.

Ela olha como se esperasse um erro meu:

— Oito vezes cinco:

— Quarenta.

— Nove vezes nove:

— Oitenta e dois.

— O quê?

Ela se levanta de novo e começa a me bater.

— Não, Mãedinha, não, é oitenta e um, oitenta e um.

— Não é para você errar, menina!

— Desculpa, mãe, desculpa.

"Não adianta, eu continuo apanhando, mesmo depois de ter acertado por quase uma hora."

— Agora, você vai escrever cem vezes cada tabuada que você errou, para não esquecer mais.

"Por que eu sou tão punida? Por que só comigo? Não vejo minha mãe agindo assim com minhas irmãs."

Minha cabeça vai e volta nas lembranças, como se eu visitasse alguns momentos por ordem de dor e não de forma cronológica perfeita.

Solto o ar.

"Seja como for, eu aceito este processo. Com gratidão!"

---

Eu ainda estou na primeira série. Antes de ir para a escola, vou tomar missoshiro, a sopa de soja que minha mãe costumava fazer quando não tínhamos muito o que comer em casa.

— Está gostoso, Mãedinha!

Eu sempre elogio a minha mãe, tentando agradá-la, mas eu acho que ela não percebe muito bem. Então, ela não responde.

Olho para o meu uniforme da escola pública, a saia pregueada e camisa social, pois vivemos na época do militarismo.

"Estou toda arrumada, do jeito que minha mãe gosta!"

— Ai, ai.

Tomo mais um gole.

"Que fome!"

Sem querer, derrubo um pouco do missoshiro na roupa.

Meu coração automaticamente se acelera e fico sem ar.

"Minha Mãedinha viu! Ai, meu Deus! Ai, meu Deus!"

— Olha o que você fez, Mari."

"O que ela vai fazer? O que ela vai fazer?"

Minha mãe se levanta e muito rapidamente me puxa pelo colarinho e me joga no chão, com agressividade.

— Aiiiii!

Sinto minhas costas inteira doerem e fico sem ar.

"O que está acontecendo?"

Falo com muita dificuldade e com barulho:

— Eu não consigo respirar, eu não consigo respirar.

Minha mãe não se importa com o que eu falo.

"Me falta o ar. Socorro!"

Peço ajuda, com desespero, quase sem voz:

— Eu não consigo respirar.

— Agora você vai ter que ir com a roupa de educação física, que está surrada e suja, à escola, menina.

"Socorro, por favor!"

A voz sai pela última vez:

— Me ajuda!

"Sinto que vou desmaiar!"

— Você não sabe que só tem um uniforme? Você quer me envergonhar diante da professora e dos pais das outras crianças?

Ela agora me puxa e me levanta.

Eu tusso, engasgada e puxo o ar, que agora parece entrar em meus pulmões novamente.

— Ai...

"Eu pensei que fosse morrer!"

— Anda, menina.

Minha mãe me ajuda a trocar de roupa, mas age como se não tivesse acontecido nada.

"Eu quase morri, mãe!"

Mas eu fico quieta, com medo.

Meus pés doem dentro dos sapatos.

Não ouso dizer nada.

"A gente é tão pobre que só compra um par de sapatos por ano. Eu não posso dizer que meus pés estão doendo, porque já não cabem mais direito nos sapatos, que estão pequenos."

Minha memória voa...

---

Estou na sala de aula.

"Hoje é dia de trazer o dinheiro para contribuir com a escola pública."

Todas as crianças trazem o dinheiro todo mês, menos eu.

"Que vergonha!"

— Cadê o seu dinheiro, Mari?" – um colega pergunta.

Eu abaixo a cabeça.

"Que vergonha, que vergonha!"

— A Mari é pobre – alguém diz.

Eles ficam cochichando e eu ouço alguns risos:

— Deve ser para usar esses óculos marrom horrível.

Eu ajeito os óculos no rosto, segurando o choro.

"Eu não tenho culpa de meus pais não terem dinheiro!"

Todo início de ano, minha mãe risca o papel da contribuição e dá o que pode, só uma vez durante o ano todo.

"Eu sei que é um valor pequeno, mas a gente não tem nem o que comer direito."

As outras crianças trazem dinheiro todo mês.

"Menos eu!"

Suspiro.

---

Eu agora estou no ginásio.

Estudo de manhã e à tarde faço aulas de cerâmica, e pintura em quadro de vidro e tecido.

Estou sozinha, olhando para as peças que pintei.

"Ficou lindo! Com certeza, minha mãe vai gostar de alguma coisa! É por causa dela que eu aprendo tudo isso. Eu sei que ela gosta! Já aprendi com ela a cozinhar, gosto de fazer as coisas para estar mais perto dela!"

— Que lindo – sussurro, passando a mão em um pano de prato e depois num vaso amarelo, em que pintei algumas flores.

Eu também sei fazer tricô, crochê e arte em vidro.

"Minhas irmãs fazem pouco disso tudo. É o meu momento com a minha mãe."

A cerâmica no vidro, a minha mãe até pagou para eu fazer.

Percebo minha mãe se aproximando e falo:

— Olha, Mãedinha, foi tudo eu que fiz.

Ela pega peça por peça e olha, mas rapidamente.

"Ela deve estar orgulhosa!"

Ela coloca no lugar e sai, em silêncio.

— Não gostou, Mãedinha?

Ela não responde.

O mesmo aconteceu quando eu mostrei as blusas e os cachecóis que eu fiz.

"Eu sou a única em casa que faz as coisas de que ela gosta, mas ela nunca fala nada. Ela me trata como se eu não existisse, me sinto muito sozinha."

Movo o pescoço um pouco e percebo a voz no gravador, mas estou tão atordoada seguindo o processo, que às vezes nem sinto necessidade de ouvir a voz.

"Está tudo tão rápido!"

## Lucy Mari Tabuti

Hoje é dia de cortar o cabelo, minha mãe me coloca só de calcinha no quintal e diz que meu cabelo está muito comprido e que vai fazer um corte mais curto. Eu me sinto feliz de estar sozinha com ela.

Ela se vira para mim e pergunta:

— Vamos fazer um corte mais curto, tá bom?

Ela aponta o dedo para mim, já me colocando sentada na cadeira, e começa a fazer o corte no meu cabelo, porém, estilo Joãozinho.

A Cy aparece e observa minha mãe cortando meu cabelo.

— Ah! Está cortando o cabelo da Mari com outro estilo?

— Sim, está muito grande, vou fazer um estilo mais curto, tipo Joãozinho.

— Joãozinho, Mãedinha? Por quê? Eu não quero!

Ela reforça, firmemente:

— Sim, Joãozinho dá bem menos trabalho de cuidar!

— Mas eu não quero, Mãedinha.

A Cy olha para mim com pena.

— Mãedinha, do jeito que está agora, tipo Chanel, na altura do ombro, já está curto e bonito.

Minha mãe bufa e continua a cortar mais ainda.

— Joãozinho, eu já falei.

— Não, Mãedinha, por favor.

Eu choro desesperadamente.

"Eles vão tirar mais sarro de mim ainda, na escola!"

Minha mãe continua cortando sem que eu possa expressar meu descontentamento.

Eu soluço e choro, sem parar.

— Tem que parar de se mexer, Mari.

"Eu não acredito! Por que ela faz isso comigo? Nunca com nenhuma das minhas irmãs?"

— Por que, mãe? Por quê?

Ela continua cortando, sem se importar com meu choro e minha tristeza.

Sinto minha mãe cortando o meu cabelo e fecho os olhos.

Sinto um peso no peito, como se fosse desmaiar.

"Eu quero morrer!"

Sinto que estou indo para outro momento e fico aliviada.

"Graças a Deus!"

---

Eu tenho quatorze anos e estou com o meu primeiro namorado.

Ele é da turma da minha irmã mais velha.

— Nossa mãe gosta do seu namorado, Mari – minha irmã mais velha comenta.

"Acho que é porque ele é japonês."

Isso aconteceu na mesma época em que ela começou a namorar outra pessoa, da mesma turma.

Então, ela contou para a minha mãe:

— Mãe, você sabia que a Mi está namorando o nosso amigo?

Minha mãe dá de ombros.

Não reclamou, nem xingou. Nenhum interesse, nada.

"Minha irmã pode tudo, por que eu não?"

Sinto o peso nos ombros e uma pressão no pescoço.

"Outra vez? O que isso significa?"

Fico observando a minha mãe mudar de assunto e dar atenção a minha irmã.

"Pelo menos, agora eu tenho alguém!"

Suspiro.

"Apesar de ele ter me dito que o que queria era namorar a minha irmã mais velha. Já que não conseguiu, aceitou-me como sobra, pelo menos estaria perto da minha irmã velha."

---

Eu estou indo para a biblioteca da escola, após o horário de aula.

— Mari, aonde você vai? – meu namorado me aborda no meio do caminho.

Paro com a mochila nas costas e percebo que ele está visivelmente alterado.

Eu respondo:

— Estudar!

— Mas você não pode estudar em casa?

Penso um pouco antes de responder:

— Na biblioteca tem bem mais silêncio.

— Eu não quero você sozinha na biblioteca.

"Eu não acredito que ele tem ciúmes de mim."

— Então fica comigo.

— Não, eu tenho que ir e quero que você vá para sua casa.

Eu bufo:

— Nós já estamos há tanto tempo juntos, por que isso agora? Você sabe que eu tenho que estudar para passar no vestibular.

"Ninguém manda em mim!"

Ele pega no meu braço e aperta:

— Vai para casa, Mari.

Eu não respondo e sigo meu caminho.

"Para a biblioteca!"

---

Após seis anos de um ciúme doentio no relacionamento e depois de entrarmos na USP, a Universidade de São Paulo, eu finalmente estou livre.

"Eu acho que era carência de pai, não é possível!"

Minha irmã me questiona:

— Por que você terminou com ele, Mari?

— Porque, quando eu tiver filhos, quero um bom pai para meus filhos, que dê boa educação para eles, e não quero um pai mole.

Ela ri:

— Mole? O que você quer dizer com isso?

— Ele era valente só para me controlar, mas no fundo era bonzinho demais.

— E o outro japonês, que está rondando você? Vai namorar com ele?

Sorrio:

— Acho que sim.

— Você sabe que ele é rico, né?

"Grande coisa!"

— Mas se eu namorar com ele não vai ser por esse motivo, Mi.

— Sei... mas a nossa mãe vai gostar.

— Por quê?

— Porque ele tem dinheiro, ué.

"Será?"

---

Eu estou em casa com o novo namorado, vendo a minha mãe tratá-lo mil vezes melhor do que o meu namorado anterior.

— Você aceita um café? Me conte, então você faz duas faculdades?

"Ela nunca pergunta da minha faculdade."

Eles ficam conversando sobre os cursos que ele faz.

"Eu não acredito! Isso porque ele vem de família rica, é isso mesmo?"

Pigarreio um pouco, indignada, para cortar o assunto:

— Você não disse que precisava ir embora? Eu preciso estudar para a prova de amanhã.

— Ai, Mari, que falta de educação, você mandar seu namorado embora assim, menina.

Olho para ela em silêncio.

Não sinto vontade de olhar.

Meu namorado se levanta e eu o acompanho até a porta.

Volto até a minha mãe, com a intenção de questionar o porquê do tratamento diferenciado, mas antes mesmo que eu pergunte qualquer coisa, ela fala, vibrando:

— Eu quero que você se case com ele, Mari. Esse sim. É japonês e tem dinheiro. Você não precisa ter uma vida como a que eu tive, mas muito melhor.

"Era isso mesmo, então: o dinheiro!"

— Eu não estou com ele por isso, mãe.

Ela levanta as mãos para o ar e fala, olhando para cima:

"Erga as mãos para o céu, menina!"

Balanço a cabeça para os lados, mas não consigo me manifestar.

"Em casa, houve pouca violência física, quando havia era muito dolorosa, e muita pressão psicológica; nunca vi meu pai chorar, nem quando ele perdeu os pais; nunca manifestou sentimento algum. Todo mundo tem que engolir as emoções negativas por honra à família, não se demonstra fraqueza."

— Ai, ai – sussurro.

"Que bobeira não poder se expressar."

No Japão, o índice de suicídios é gigante, alguns jovens que não conseguem entrar na universidade se suicidam; e, no Brasil, há muitos japoneses inteligentes que morrem virgens, não conseguem se comunicar, não conseguem fazer um TCC (Trabalho de Conclusão de Curso) por medo de se apresentar, por causa da rigidez da cultura.

"É terrível!"

— Eu vou ser diferente disso – falo sozinha, e sigo para o quarto, para estudar.

"Se esse namorado for diferente e melhor do que o meu pai, que nunca me beijou ou abraçou, está bom para meus filhos. É isso que importa para mim! Não é o dinheiro!"

A voz no gravador me motiva a continuar no processo:

— Isso, Mari, está sentindo? Está lembrando de suas emoções mais negativas?

— Sim – eu respondo, com dificuldade.

---

Engasgo com a saliva no sofá do escritório.

A voz no celular ainda fala comigo:

— Eu tenho certeza, Mari, de que você está se entregando a esse processo. E eu sei que está difícil para você. Mas, por favor, não desista! Vamos continuar?

Seco uma lágrima que escorreu até a minha orelha.

Eu engulo a saliva e respondo, bem baixinho:

— Vamos!

# MOMENTO REFLEXIVO

Você sente que carrega mágoas em seu coração? Sente um peso por coisas que fizeram para você no passado?
_____
_____
_____
_____

Essas mágoas, o quanto se referem a seu pai e a sua mãe?
_____
_____
_____
_____

Abra-se para este passo, refletindo sobre as lembranças ruins que carrega em relação a seus pais.

Qual a mágoa mais difícil em relação ao seu pai?
_____
_____
_____

**E em relação a sua mãe?**
_____
_____
_____

**Agora, pense em seus avós e bisavós e imagine a infância dos seus pais.**

**Você acha que seu pai foi amado e bem cuidado?**
_____
_____
_____

**Você sente que seu pai guarda mágoas de seus avós paternos?**
_____
_____
_____

**Você acredita que sua mãe foi amada e bem cuidada?**
_____
_____
_____

**Você sente que sua mãe guarda mágoas de seus avós maternos?**
_____
_____
_____

Quando você pensa na infância de seus pais, provavelmente consegue perceber que eles tiveram essa fase de uma forma mais dura que a sua, porque é natural olharmos para as gerações anteriores e percebermos mais rigidez e escassez. Quando olhamos para a frente e para as gerações futuras, que ainda estão por vir, percebemos então que este é o caminho da evolução e da cura. Perdoamos nossos ancestrais, liberando amor e perdão a nossos descendentes. Este é o sentido da vida. O amor!

# CONCLUSÃO SOBRE O AUTOPERDÃO

O segundo passo para o processo de cura e transformação é o perdoar a si mesmo(a).

Após passarmos pelo processo de perdão, adquirimos outro nível de maturidade, que nos faz olhar para nós mesmos, para o que fomos e fizemos no passado. Não é fácil perceber os próprios erros, e por isso esse passo se faz absolutamente necessário.

Todo ser humano vive uma jornada do herói e cada um, de acordo com a sua maturidade, deverá passar por esses passos na vida. Além disso, alguns optam pela jornada do mentor, em que desenvolvem a gestão do conhecimento e do tempo, conceitos esses que descrevi de forma mais profunda no livro *MindSer – A mentoria definitiva em 7 passos de quem já é sucesso para um sucesso surpreendentemente maior!* Cabe a cada um escolher quando vai começar essa jornada e em quanto tempo ela termina. Quanto antes, mais realizações!

Quando perdoamos nossos pais ou aqueles que cuidaram de nós, expandimos nossa percepção sobre o funcionamento natural da vida. É impossível não perceber que erramos ao julgar e, com isso, transferimos a culpa que antes imputávamos aos nossos pais a nós mesmos. Essa transferência é praticamente automática.

Além disso, há de existir experiências que consideramos negativas e, se não há ninguém a quem possamos ter responsabilizado no passado, nos colocamos como responsáveis pelo mal que vivemos ou por erros cometidos, de modo geral.

Quando libertamos os demais através do perdão, permitimos a evolução de nossa consciência. Depois, através do autoperdão, essa expansão se torna ainda maior. Conforme percebemos esse crescimento, sentimos leveza onde antes havia um peso ou grande vazio.

Perdoar a si mesmo(a) pode ser ainda mais complexo do que perdoar outras pessoas, dependendo das características de cada indivíduo; por isso, dentro de cada processo, deve haver paciência e respeito com o próprio ritmo. Cada um à sua maneira e a seu tempo. Ninguém evolui e se transforma de forma idêntica e no mesmo tempo. Aceite o seu processo, como ele se fizer. O importante é que você se abra para isso.

Quando eu cheguei ao passo número dois, percebi que tinha cometido erros comigo mesma, havia me julgado e me permitido viver dentro das crenças limitantes que criei, além das que absorvi do meio em que estava.

Percebi que tinha sido dura comigo mesma e com o que carregava. Não foi fácil admitir que não precisava de tantos sentimentos negativos, mas foi olhando para isso que fui capaz de me libertar.

O meu autoperdão aconteceu depois que perdoei meus pais. Tive que perdoar a mim mesma pelos julgamentos que havia feito e, por consequência, por todos os julgamentos que me permiti fazer sobre a minha pessoa.

Nessa sequência de cura, fui ficando cada vez mais leve e me tornei apta ao passo seguinte!

Sem o peso do passado, de qualquer culpa, mágoas, julgamentos, da posição de vítima, eu finalmente fui entender o que era o amor!

# Capítulo 3

# O AMOR E O AMOR-PRÓPRIO

"Amar a si mesmo é o começo de um romance para toda a vida."

Oscar Wilde

Afinal, o que é o amor? Qual a sua forma mais pura? Entre tantas frases e textos que tentam definir esse sentimento, não seria ele algo aprimorado pela vida e maturidade?

Quando nos curamos por meio do perdão, nos tornamos mais aptos a receber e a compartilhar o amor na sua plenitude. Veja, enquanto carrego as mágoas da infância, de tudo aquilo que considero falhas ou negligências a meu respeito, o amor que me habita não pode se manifestar totalmente, pois existe um muro entre as minhas emoções positivas e emoções negativas.

Somente após a compreensão, que chega com a experiência de vida e da ressignificação de tudo o que já fui e senti, é que o meu amor transborda, a ponto de ser compartilhado.

Amor de verdade é quando não há mais julgamentos mas, sim, aceitação. Paro de culpar meus pais por tudo aquilo que me faltou e, finalmente, compreendo que eles me deram o que podiam, o que tinham para dar. A então ausência de julgamento me permite doar o meu amor em sua melhor forma, tanto para meus pais quanto para meus filhos, cônjuge, amigos, trabalho ou o que for. Tudo é energia, e quando ela flui, se espalha para todas as áreas da vida.

Após o não mais julgar de nossos pais, tudo muda. Eu passo a não me autojulgar e não julgar ao próximo. Passo a ter respeito pela vida que cada um tem. Esse nível de maturidade e entendimento me permite olhar no espelho e ver meus ancestrais com orgulho; aceito o que antes eram os supostos defeitos de meus pais em mim, os ressignificando e os transformando em algo novo, quebrando antigos padrões, como um convite para que novos comportamentos cheguem.

Isso é o amor! Quando aceitamos com respeito as pessoas como elas são e, depois disso, nos aceitamos. Essa fluidez do que se é e do que os outros são abre espaço para o fluir da vida. O que antes era estagnado agora se movimenta e abre espaço para a prosperidade em todos os sentidos da palavra.

O amor aos nossos pais é o mais importante, pois somente a cura das feridas em nossas raízes é que permite a expansão do amor para outras áreas da vida. A primeira consequência desse amor curado é a aquisição do amor-próprio, que se expande para a vida emocional, afetiva, de saúde, financeira e tudo o que puder se imaginar.

O amor é a energia da vida.

Tudo está certo.

Existem quatro leis espirituais ensinadas no Hinduísmo, que afirmam o seguinte:

"A pessoa que vem é a pessoa certa."

"Aconteceu a única coisa que poderia ter acontecido."

"Toda vez que você iniciar é o momento certo."

"Quando algo termina, termina."

Ou seja, tudo na vida está correto. Entre o suposto errado e o ponto certo a ser atingido, existe uma trajetória que nos ensina, nos fortalece e nos molda exatamente onde precisamos.

E tudo o que acontece ao nosso redor está conectado com essa sabedoria divina.

Tudo é energia. E ela se movimenta por meio do amor.

Permita-se sentir o primeiro amor dentro de você, dos seus pais. Olhe para isso e se permita curar e amar seus pais. Todo o resto é consequência desse primeiro amor.

E assim, a vida flui.

Por meio do amor e para o amor, com empatia, num ciclo que nunca termina.

Presenteie-se, realize uma atividade de tratamento para o amor e o amor-próprio após a leitura integral desta obra. São atividades que se atualizam com o tempo.

**PRESENTE PARA VOCÊ!**

A voz continua a falar comigo pelo gravador.

Apesar de eu estar revivendo momentos delicados e difíceis, meu corpo e minha mente continuam relaxados.

"É uma sensação boa! De reconstrução, eu diria! Ressignificação, é isso!"

A Mari do gravador quer me levar para outro lugar agora:

— Mari, eu acho que você reviveu vários momentos da sua infância e entendo que tenham sido difíceis para você. Parabéns por ter encarado suas lembranças, mas você também precisa revisitar a sua adolescência e início da juventude. Vamos para a sua vida um pouco mais velha?

Eu movo o queixo lentamente para baixo, tentando sinalizar que sim, mas meu corpo está muito pesado.

"Vamos!"

— Eu vou contar de um até cinco e, a cada número que eu disser, você vai ficar um pouco mais velha e vai para outras emoções negativas que viveu, só que já com mais entendimento. Vamos lá?

"Sim!"

— Um, sua mente aceita que você está nesse processo e permite deixar você relaxada. Dois, seu corpo levará você aos momentos que você precisa ressignificar. Três, sua mente está livre e solta para ir aonde quiser. Quatro, seu corpo segue sua mente. Cinco, você se permite esse processo, pois está buscando a cura de si mesma. Vai, Mari! Onde você está agora?

"Onde eu estou?"

Eu estou na sala de aula do colegial (ensino médio).

"Que sono! Não consigo me concentrar!"

Eu me orgulho de fazer o estudo básico de manhã e o técnico à noite.

Falo baixinho para mim mesma:

— Eu vou ser alguém na vida!

A professora está entregando nossos boletins.

Ela cita meu nome e vem até mim:

— Mari Tabuti. Precisa melhorar, Mari!

"Oi? Por quê?"

Sinto um aperto no peito e procuro a resposta nas minhas notas.

"Não, não, não! Eu fiquei de exame final em História, Geografia e Português? Minha mãe vai me matar!"

Olho para Biologia e sussurro:

— Nota dez! Também... genética.

"Tudo que é lógica e raciocínio eu vou bem, já se tenho que decorar, eu não consigo."

A professora agora faz um elogio:

— Parabéns, Mari, você foi a única a tirar a nota máxima em genética!

Respondo, baixinho:

— Obrigada!

Sinto um peso nos ombros e nas costas e uma dor irradiar pontadas para todo o meu corpo.

Fico irritada por lembrar que todo mês tenho que ler um livro de história e ninguém me ajuda.

Bufo:

— Enquanto isso, minha mãe lê o livro para minha irmã e faz resumo para ela, sempre que ela precisa.

"Por que eu sempre sou a única a não receber as coisas em casa?"

Minha cabeça gira, como se tivesse bebido, é como uma tontura.

"Para onde estou indo?"

Ouço a voz no gravador:

— Entregue-se, Mari, deixe vir, deixe vir!

"Tá, eu deixo!"

---

Eu estou agora na escola do Estado, a professora está informando algo:

— Hoje, vocês vão apresentar o trabalho em grupo que eu pedi semana passada.

Um suor gelado percorre minhas costas.

"Eu não quero falar, eu não quero falar. Eu não sei falar!"

Olho para meus colegas de grupo, que já me explicaram mil vezes que eu vou ter que falar por pelo menos cinco minutos, para poder dizer que participei do trabalho.

"Meu Deus do Céu!"

Sinto náusea, ânsia, uma tontura terrível.

"Então era isso que eu estava sentindo? Como se tivesse bebido. Mas é medo!"

A professora chama:

— Agora são vocês. Podem vir!

Eu sigo por último, carregando um papel na mão, atrás de três colegas.

Eles falam primeiro, e falam bem.

Minhas pernas tremem.

"Me ajuda, meu Deus, me ajuda!"

Lembro-me de quando era criança e minhas pernas viviam tremendo.

"Quando isso vai parar?"

Tusso discretamente, para liberar a garganta. De tanto nervosismo, fiquei com a boca seca e a garganta coçando.

"Mais essa, Mari?"

Meus colegas terminam suas falas e eu sou obrigada a tomar a palavra.

Por mais que eu tenha estudado muito a minha fala, por mais que eu tenha tentado decorar tudo, nessa hora, me deu um branco de pavor.

Posiciono-me um pouco mais à frente; tento falar sem ler, começo a gaguejar e não dá, abro minha folha e começo a ler:

— Como meus colegas disseram, este trabalho diz respeito às leis que regem...

A professora me interrompe:

— Você vai ler, Mari? É isso mesmo?

Abaixo a cabeça e não consigo responder.

Ela continua:

— Você não viu como seus colegas falaram bem? Quer diminuir a nota deles?

"Não, professora. Claro que não!"

Mas não consigo responder em voz alta.

Ela fica em silêncio e eu volto a ler o papel.

Mas mais uma vez, ela me interrompe:

— Mari, não precisa ler mais nada. Isso não é jeito de se apresentar. Parece que você não estudou, não é mesmo?

"Eu estudei, eu sei tudo, só não sei falar..."

— Olha, os seus colegas sem papel algum, Mari!

Não digo uma palavra e fico vermelha, posso sentir o rosto queimando.

A professora finaliza:

— Vão sentar todos vocês. Já é o suficiente!

"Graças a Deus!"

Morro de vergonha, fico muito assustada e sei que vou ficar com nota baixa, mas não consegui fazer diferente.

O ginásio (ensino fundamental) e o colegial inteiro foram desse jeito.

"Quero sair desse momento, me leva para outro lugar, voz do gravador? Por favor?"

Foco na respiração.

"Vamos!"

---

Eu agora estudo e trabalho num banco onde noventa por cento dos alunos são filhos de funcionários e os dez por cento restantes, entre os quais eu me encaixo, prestou vestibulinho.

"Eu sou uma das mais inteligentes da sala!"

Pela primeira vez na vida, me sinto mais capaz do que a maioria. E não que eu queira ser melhor do que os outros. Hoje eu sei, que tudo o que eu sempre quis foi o reconhecimento da minha mãe.

"Ai, ai..."

— Mari, Mari, eu quero fazer um grupo com você! – um colega de classe chega à minha carteira.

— Tá bom!

"Agora as pessoas querem estar no grupo comigo, porque percebem a minha inteligência."

A colega continua:

— Que matéria você mais gosta?

— Não sei, acho que contabilidade. E você?

— Contabilidade, Mari? Tá louca?

— Qual o problema?

Ela ri:

— Tanta coisa boa para gostar: Marketing, Direito...

Olho para o meu namorado passando do lado de fora da sala e suspiro:

— Ai, ai.

Gosto de estudar aqui porque sou reconhecida pelos colegas e professores, além de poder estar com meu namorado.

"Ele me ajudou na redação que ficou entre as finalistas para ser usada na formatura."

O colega fica quieto ao meu lado, eu pego meu caderno de poesias e fico folheando.

Do nada, começo a rir.

— Do que você está rindo, Mari?

Mostro o caderno para ele:

— Eu escrevo poesias, mas decidi estudar Matemática, você acredita?

— Não acredito! Por que Matemática?

— Acho que porque vi minha mãe dando aulas em casa para outros estudantes e percebi que consigo ajudar as pessoas a entenderem Matemática de uma forma bem mais simples do que é ensinada nas escolas.

— Sério?

— Seríssimo!

Ele me olha de canto e pergunta:

— Você trabalha no banco, né? O que você faz?

— É o meu primeiro trabalho, sou escriturária, auxiliar de análise de processo de financiamento industrial.

— E você gosta?

— Sim.

Ela balança a cabeça para os lados, como se eu fosse um ET.

Sinto uma boa sensação em meu corpo e percebo que estou indo para outra memória de vida.

Eu estou na faculdade, onde estudo Matemática à noite, para poder trabalhar durante o dia.

"Eu vou ser alguém na vida!"

Tenho o maior orgulho de mim.

Sussurro:

— Meu segundo semestre de faculdade! O primeiro não foi nada fácil, fiquei de exame em Algoritmos I e sinto que vou ficar de exame em Algoritmos II.

"Apesar da nota dois que tirei em Matemática no vestibular, consegui nota oito na redação! Argumentei contra Machado de Assis, imagina?"

Solto para mim mesma:

— Detalhes, Mari. Apenas detalhes.

E solto um sorriso gostoso.

Começamos com cem alunos e agora cinquenta por cento já foram embora.

Respiro fundo, pensando nas contas que tenho que pagar amanhã, sem falta.

"Minha mãe me mata, se eu esquecer!"

— Água e luz. Água e luz!

Ouço a voz no gravador:

— Sinta suas emoções, Mari, se entregue a tudo o que você sentir, pois cada momento que você reviver hoje tem algo a ensinar para você, para ser ressignificado.

"Será?"

Tento focar a voz, lembrando que foram cinco anos na faculdade e trabalhando ao mesmo tempo.

"Não foram momentos fáceis, vivia cansada. Reprovei em algumas disciplinas, exames em outras."

Eu e mais três pessoas se formaram. De um total de cem!

"Orgulho!"

Bem depois disso, passei a dar aulas de Algoritmos I e II, com o pé nas costas!

Movo o rosto um pouco para o lado.

"Para onde vamos agora, voz da Mari?"

---

Estou em casa, após um dia inteiro de trabalho e faculdade.

Vejo Paidinho deitado no sofá e sinto que algo não está normal.

"Como pode ele ter mudado assim?"

Minha mãe chega e fala:

— Fizeram macumba para o seu pai, só pode.

Ela bufa:

— Uma hora vai ter que levantar desse sofá.

Suspiro e não respondo. Apenas sigo para a cozinha.

"Para quem era diretor de uma grande empresa..."

Minha mãe vem atrás de mim e eu tento argumentar:

— Mas você lembra quando ele consertava os videocassetes que voltavam com o mesmo defeito e ninguém conseguia descobrir o que era? Ele foi promovido por isso.

— Eu sei, Mari, seu pai é inteligente, mas agora parece que teve um treco, não consegue fazer nada.

Ficamos em silêncio uns instantes.

Eu volto a argumentar, tentando ser positiva:

— Ele vai melhorar, mãe, ele vai melhorar.

— Desde que você e suas irmãs ajudem e paguem as contas até lá, por mim.

Ela dá de ombros.

Sei que para ela é pesado por ter que cuidar da casa, das filhas e dar aula particular, nesse momento.

Também me lembro de uma história que meu pai gostava de contar:

— No trabalho, os colegas mandam eu trabalhar mais devagar, Mari!

— E o que você diz, Paidinho?

— Que eu sou pago para trabalhar, oras!

Sinto-me triste por lembrar do meu pai assim.

Na época, eu não tinha capacidade para entender o que ele tinha.

"Acho que foi síndrome de *burnout*!"

Muito tempo depois, descobri que a empresa em que meu pai trabalhou durante anos deu um centro para ele gerenciar, no qual ele teve um sócio que passou a perna nele.

"Eu entendo você, pai! Traições são muito doloridas."

Foco minha respiração.

"Foco, Mari. Foco!"

Eu não sei onde estou.

Estou confusa.

— Sai, sai, vai embora – olho para um monstro correndo atrás de mim.

Eu choro e grito mais alto:

— Socorro. Socorro! Mãe!

Eu estou correndo em volta do carro do meu pai. E o monstro fica querendo me pegar.

Percebo meu rosto franzido e alerto para mim mesma:

— O sonho!

Eu me lembro que sonhava com isso, na época em que meu pai ficou estagnado em casa.

"Foi só um sonho, Mari!"

A voz me lembra:

— Tudo o que você sentir aqui agora é algo importante sendo dito para você pelo seu subconsciente, Mari!

"Por que isso é importante?"

— Para você poder criar ressignificados!

"Hum!"

Meu pai superou aquela fase. Comprou uma casinha e montou uma assistência técnica, já estava aposentado e ajudava os outros, não cobrava e ficou bem conhecido no bairro, fazendo muitas amizades.

"Eu sinto muito e te perdoo, pai. Já passou. Que bom que você superou!"

---

Eu estou no meu trabalho, no banco, digitando os contratos analisados e me valendo do curso de datilografia que fiz com exímio esforço.

Meu diretor passa e comenta na frente dos colegas:

— A Mari é ligeirinha! Produz oito vezes mais do que qualquer pessoa nessa empresa.

Sorrio, mas continuo focada no trabalho.

"Ligeirinha versão dois. A letra agora nem pode ficar feia, porque eu digito!"

Lembro dos colegas do meu pai tentando falar para ele trabalhar mais devagar.

"Não seria o mesmo agora, se meus colegas se incomodassem com o meu nível de produtividade?"

— Coitado do meu pai – solto sem pensar.

O diretor se aproxima:

— Eu vou promover você, Mari! Passe na minha sala depois!

Apenas sorrio.

"Se eu mantiver o foco, não perco tempo e ele também vai me admirar!"

Olho em volta e imagino que, se mandassem embora metade das pessoas, não faria nenhuma diferença.

"Ô, gente devagar."

Movo um pouco meu corpo, me conectando com essa lembrança.

Lembro que atuei em várias funções nesse trabalho: a secretária do diretor entrava de férias e eu assumia, foram três postos no total. O diretor confiava tanto em mim que eu tinha a senha do cartão dele.

Foram quase sete anos e minha última função foi de coordenadora.

"O que eu tenho que ressignificar aqui? A semelhança com meu pai?"

Antes que possa formular uma conclusão, sinto que minha cabeça segue em outra direção.

E a voz continua:

— Continue, Mari! Não pare! Siga no fluxo do processo. Confie na sua mente!

"Ok!"

---

Estou desesperada, ansiosa, impaciente.

"O que está acontecendo? Onde eu estou?"

— Eu estou terminando a faculdade, o que eu vou fazer ano que vem?

Meu namorado está ao meu lado:

— Por que tanto desespero, Mari? Parece que não consegue viver sem estar sempre correndo, acelerada.

"Será?"

— Gosto de me sentir útil, de aprender. Eu vou ser alguém na vida!

— Claro que vai, mas precisa esse desespero?

Suspiro, sem responder.

"Não sei!"

Eu continuo focada no que me interessa:

Falo para ele:

— Eu tenho três opções: mestrado em Logística, mestrado em Ciência da Computação, ou termino Física, tendo mais uma graduação.

— E se você passar em qualquer um desses, principalmente o mestrado, o que vai fazer com o seu trabalho?

— Vou largar!

Ele estala os olhos:

— O quê?

— Eu trabalharia à noite, se pudesse, mas você sabe que eles não permitem que mulheres trabalhem no período noturno.

— Que absurdo.

— Também acho!

Remexo-me um pouco no sofá.

"O que essa lembrança está querendo me dizer?"

No fim, passei em todas as opções e optei pelo mestrado em Ciência da Computação, para o horror de minha mãe e de muitas pessoas que diziam que eu deveria continuar trabalhando no banco.

"É isso! Sempre a minha mãe."

Ouço a voz no gravador:

— Aonde suas emoções te levam agora, Mari? Aonde você precisa ir para curar suas feridas?

Respiro e foco na respiração.

Sinto uma nova lembrança chegando.

Eu estou no banco, pedindo as contas, depois de quase sete anos:

— Me manda embora, por favor?

— Imagina que eu vou te mandar embora? Nunca! Eu não teria nem como justificar algo assim. Você sempre foi a nossa melhor funcionária.

"Ai, meu Deus do Céu!"

— Então, eu me demito!

O diretor me olha, arrasado, e se senta. Tira os óculos do rosto e os coloca sobre a mesa. Agora esfrega os olhos, como se tivesse recebido uma sentença.

Aperto os olhos e sinto o tempo passar.

"Para onde eu vou?"

---

Tarde da noite, no mesmo dia, eu estou em casa, tentando uma conversa amigável com a minha mãe, com o coração palpitando:

— Eu me demiti do banco.

— Você se demitiu, Mari? Como assim?

— Eu vou fazer mestrado em Ciência da Computação, Mãedinha!

— Mas você já estudou. Por que isso?

— Eu quero estudar mais.

— Não faz sentido.

Ela sai da sala, emburrada.

— Não se esqueça de que, enquanto você morar embaixo deste teto, tem contas para pagar.

Ouço ela falar alto do quarto:

— Vai sobreviver do quê? Que absurdo.

Meus braços e costas doem, eu me sinto muito cansada.

"Eu quero morrer!"

Meu corpo dói ainda mais.

"O que está acontecendo?"

---

Eu acabo de chegar à minha casa, depois de um dia inteiro no mestrado.

Também dei aulas particulares de Matemática e monitoria na faculdade. Foi o que consegui para me manter financeiramente, nesse tempo.

"Não gosto de voltar para casa!"

Suspiro, entrando devagar, para não acordar ninguém.

"Que fome!"

Procuro algo para comer, mas não acho nada.

"Ela faz o jantar para todas as minhas irmãs, mas, de mim, ela esconde o que sobra. Só porque não concorda com o jeito que eu decidi viver, com o mestrado que decidi fazer!"

— Que fome.

Acho um pão meio endurecido:

— Vai isso mesmo!

Frito um ovo para parecer um jantar.

"É a pior fase da minha vida, não tenho o apoio de ninguém, meu Deus!"

Respiro profundamente e solto o ar num rompante, como se tentasse arrancar a indignação de dentro de mim.

— Ai, ai.

Se não fossem as aulas particulares de Matemática e as monitorias de Programação, na própria faculdade, estava perdida.

Minha irmã mais velha aparece na cozinha, mal me olha.

— Oi, Mi, tudo bem?

— Hum – ela responde com certo desdém.

"Todo mundo contra mim."

Ela me questiona:

— Deu aula do que hoje, Mari?

— De Computação.

— Na comunidade?

— É, é onde a faculdade tem aulas e precisava de alguém como eu.

— Só você mesmo, Mari. Largar o banco para estudar mais do que precisa e ir dar aula na comunidade.

— Eu estou cansada, Mi, um pouco de apoio seria bom.

Ela dá de ombros.

"Parece minha mãe!"

Tento uma conversa com mais compreensão:

— Eu chego todo dia às seis horas da manhã na faculdade e saio de lá quase meia noite. Isso quando não viro a madrugada, para testar os projetos do mestrado.

— E daí? Não foi você que escolheu isso para você?

— Daí que eu chego em casa e não tem jantar para mim. No final de semana, eu tenho que lavar minhas roupas, porque nem isso a nossa mãe faz mais para mim, só porque estou estudando? Você acha justo? Ela lava roupa de todo mundo, menos a minha. E com comida é a mesma coisa.

— Sei lá! Não é problema meu!

— Eu vou ser alguém na vida, Mi! Você vai ver!

— Tomara que seja mesmo!

— Eu não suporto mais voltar para casa.

— Então não volte, faz como eu: se case!

"É... é uma boa, mas decidi me casar só depois do mestrado, e são quatro anos!"

— O meu namorado vai ter que esperar um pouco.

Ela faz cara de desprezo para minhas respostas:

— Você terminar o mestrado?

— Exatamente.

— Você é estranha.

Respiro fundo e respondo com gosto:

— Já fui, não sou mais.

Aperto os olhos, pressentindo que irei para outro lugar.

"Para onde vamos, voz?"

⁕⁕⁕⁕⁕⁕⁕⁕⁕⁕⁕⁕⁕⁕⁕⁕⁕⁕⁕⁕⁕⁕⁕⁕⁕⁕⁕⁕⁕⁕⁕⁕⁕⁕⁕⁕⁕⁕

É final de semana. Faz dois anos que comecei o mestrado.

Eu estou numa multinacional de tecnologia, trabalho doze horas por dia, sábado, domingo e feriados.

"Uau! Que lugar enorme e importante!"

Estou correndo de um lado para o outro, trabalhando e produzindo muito.

Alguém me aborda no corredor:

— Como foi sua viagem para os Estados Unidos, Mari?

— Ah, foi tudo bem, obrigada.

— Quem me dera viajar pela empresa.

Olho para os lados, mas sigo na conversa:

— Um dia você vai.

— Tomara.

— Quanto tempo você ficou lá?

— Três meses, foi ótimo. Mas estou preocupada com o meu mestrado.

— Por quê?

— Estou com medo de perder o prazo, o trabalho está atrapalhando um pouco.

A pessoa faz uma piada:

— Então larga o trabalho – e sai rindo.

"Não é que é uma ideia?"

Movo o pescoço para o lado e sigo na viagem mental que estou fazendo agora no processo de autoconhecimento.

"Foco na respiração, Mari. Foco!"

---

Eu estou em casa, dando uma notícia para a família, e a minha mãe já se manifesta com raiva:

— Eu não acredito que você pediu demissão de novo, de um lugar maravilhoso, por causa dessa ideia de mestrado, Mari!

— Mãe, não é apenas uma ideia, mestrado é um sonho e algo que vai mudar a minha vida.

Ela fala alto:

— O que mudaria sua vida seria você trabalhar, como todo mundo aqui faz.

— Mas eu trabalho, mãe, nunca deixei de trabalhar e de pagar as contas da casa.

Ela fala firme:

— Mas você poderia pensar no seu futuro e ter um trabalho que dure a vida toda.

"Eu não acredito!"

Meu pai e minhas irmãs não falam nada, como se estivessem de acordo com ela.

"Que tristeza!"

— E eu não tenho bolsa de mestrado, por isso, eu vou trabalhar. Já acertei que vou dar aulas na faculdade. Isso é muito bom.

— E desde quando professor ganha bem neste país?

— Em faculdade ganha, mãe.

Ela dá de ombros e me deixa falando sozinha.

Ninguém mais olha para mim.

"Socorro! Me tira daqui!"

Em questão de milésimos de segundo, já me sinto em outro momento.

---

Eu estou com vinte e sete anos.

Suspiro, sozinha, numa sala de aula vazia:

— Eu acabei de concluir meu mestrado!

"Ninguém comemorou, nem na faculdade, só eu."

Só se formaram poucos alunos, o mestrado na USP é bem desafiador.

De repente, meu namorado chega:

— Parabéns, Mari!

— Oi, amor! Obrigada!

"Alguém se lembrou de me dar os parabéns! Que incrível!"

Ele me abraça e me entrega uma rosa e uma caixa de bombons.

— O que está fazendo sozinha na sala?

— Ah, estava pensando na vida.

— Vamos jantar para comemorar?

— Só se for só eu e você.

— Quem mais seria? Sua mãe parou de falar com a gente, desde que começamos a namorar.

— Eu sinto muito, minha mãe é assim mesmo.

— Eu sei que ela queria que você se casasse com o japonês rico.

— Pois é.

— Eu não sou rico nem sou japonês – ele ri.

— E ainda é amigo da minha irmã, frequentava a nossa casa. Foi isso que ela ficou brava.

— Deixa para lá!

Eu sorrio de orelha a orelha:

— Vamos!

Olho em seus olhos com gratidão:

— Obrigada por me apoiar.

— E por esperar, obrigada também!

Dou risada.

Lembro que minha mãe ficou oito anos sem falar com ele e uns seis meses sem falar comigo.

"Que absurdo!"

Ela sempre fez isso, em todos os momentos da vida que eu fiz algo diferente do que ela esperava que eu fizesse.

Chantagem emocional pura.

"Apesar de eu ter sofrido muito, não cedi. Graças a Deus!"

Eu estou num restaurante lindo com meu namorado.

"Já que a família não participa da minha vida em nada nem se importa, fico feliz de tê-lo comigo!"

Durante o jantar, o abordo de forma mais objetiva do que nunca:

— Olha, é o seguinte, a gente decide a vida e casa ou eu vou fazer o doutorado.

Ele fica boquiaberto:

— Oi?

Falo tranquilamente:

— Você sabe como eu sou. Eu quero fazer doutorado, só que, se eu começar, só vou me casar depois que terminar.

Ele fala, meio gaguejando:

— Mas... você já está pensando em fazer doutorado, Mari?

— Isso não é segredo, você sempre soube que eu ia fazer.

— Mas já?

— Olha, é isso, ou a gente se casa agora ou só depois.

Ele sorri:

— A gente se casa, então!"

"Que lindo!"

— Não acredito!

Eu estou no meu quarto, deitada na cama, quando ouço meus pais conversando.

Primeiro, ouço a voz do meu pai:

— A Mari vai se casar, vamos dar o dinheiro de presente, como fizemos com todas as outras.

— Não, para ela não precisa.

"Como não?"

Silêncio.

"Eu não acredito. Todas as minhas irmãs receberam dinheiro quando elas se casaram. Por que eu não?

Contorço-me devagar.

"Voz, me tira daqui?"

---

Eu estou feliz e, ao mesmo tempo, ansiosa.

Estou na porta da igreja, pronta para entrar.

"Cadê a marcha nupcial?"

Quero muito ver o meu futuro marido no altar.

Meu pai me olha com admiração:

— Você está bonita, Mari!

— Obrigada, Paidinho!

"Será que a minha mãe veio? Está há meses sem falar comigo!"

A música começa a tocar e eu olho para o meu pai:

— Vamos?

— Vamos!

Dou o braço para ele e suspiro.

— Ai, ai...

"Será que ela veio? É o dia mais importante da minha vida!"

Vejo o meu quase marido no altar, sorrindo.

"Tenho certeza de que ele vai ser um bom pai para os meus filhos!"

— Olha lá, Mari. Sua mãe veio!

Meu coração palpita. Minha respiração parece que finalmente volta a se normalizar:

— Que bom!

"Fico feliz, mas não consigo falar nada além disso!"

Olho para meu vestido e me sinto grata, afinal foi a minha mãe que fez.

"Mas precisava ignorar o meu casamento até o último momento?"

Deixo para lá e foco o evento.

"É seu dia, Mari!"

— Que dia feliz.

"Por que me lembrei disso?"

Suspiro, tentando adivinhar para onde estou indo.

---

Eu estou em meu apartamento junto com meu marido, olhando as fotos do meu casamento.

Balanço a cabeça para os lados, bastante surpresa:

— Minha nossa, minha mãe está emburrada em todas as fotos em que ela aparece.

"Como pode?"

— Esquece sua mãe, Mari!

— E tem como esquecer?

— Tem que ter!

Respiro e olho para ele.

"Esse, sim, não abaixa a cabeça e não é mole como os namorados que eu tive antes."

— Por isso, eu escolhi você – dou um beijo nele.

— Por quê?

Eu sorrio com sinceridade:

— Você é honesto e transparente.

— Hum.

Volto ao assunto indesejado:

— Minha mãe nunca veio me visitar no nosso apartamento.

— E talvez nunca venha, Mari.

"Será?"

Não respondo.

"Talvez ele tenha razão. Em compensação, ela não sai da casa da minha irmã mais velha, lava até roupa para ela, cozinha, faz tudo."

— Será que minha irmã viveria bem sem minha mãe?

Ele me olha e reclama:

— Sua mãe ainda, Mari?

Sorrio e faço graça para mudar de assunto de vez:

— Ah, desculpa. Me diz, como foi seu dia?

"Esta foi uma boa recordação. Tomara que a próxima também seja boa!"

---

Já faz um ano que me casei e estou curtindo muito essa fase da vida.

"Eu sou feliz, meu Deus! Obrigada!"

Eu estou no quarto com meu marido, ambos deitados, descansando.

Conversamos sobre algo sério:

— Amor, eu já fiz todos os exames e não tem nenhum problema comigo.

— Tá, Mari, eu sei, é a minha vez agora.

Falo meio baixo:

— Sabe que sua mãe disse que eu não engravido porque trabalho demais?

— Ah, Mari, não liga para a minha mãe.

"Difícil!"

— Quando não é a minha, é a sua – sorrio.

— Você bate de frente com todo mundo!

— Você também.

— Por isso, a gente se dá bem.

"Verdade!"

Respiro profundamente, sentindo a boa sensação desse momento.

"Será que essas lembranças me ajudam a ressignificar as ruins? Deve ser isso!"

---

Eu estou com a mão na minha barriga de sete meses e sinto uma alegria que nunca senti na vida.

"Eu vou ser mãe!"

Falo com meu bebê:

— Eu vou ser uma boa mãe, eu vou ser uma boa mãe para você.

"Você nunca vai ser negligenciado como eu fui, eu prometo!"

Decidi fazer tratamento para engravidar, ninguém soube.

"Não queria pena de ninguém!"

A chance de sucesso era de menos de dez por cento.

Toco a barriga com carinho:

— Mas você está aqui!

Eu escondi a gravidez até o quinto mês. Quando minha sogra descobriu, disse, toda cheia de si:

— Eu estou com raiva de você, onde já se viu? Vocês estão grávidos e não contam para ninguém.

"Fica você aí com a sua braveza, não quero isso pra mim."

Lembro que minha mãe não falou com meu marido até meu filho Akira ter um ano de idade.

Eu jamais farei algo sequer parecido com meu filho. "Jamais!"

---

A voz no gravador parece falar mais neste instante comigo:

— Parabéns, Mari, você está indo muito bem! Estou orgulhosa de você! Me conta! Você está feliz por reviver e ressignificar esses momentos, com a percepção mais adulta e madura que você tem hoje?

Tento responder, mas minha voz sai bem baixinho e fraca:

— Sim.

"Meu corpo está tão pesado. Mas é uma sensação muito boa!"

Ela continua:

— Esta é a função do autoconhecimento, permitir que você reviva momentos ruins, com a percepção que você tem hoje. Isso permite você ressignificar e curar aquilo que um dia te feriu. Sinta orgulho da sua coragem. Você é corajosa, Mari?

— Sou.

— Ótimo, porque nós vamos continuar nesse processo e eu quero que você vá ainda mais longe na sua vida. Quando você já se sentia adulta. Vamos lá?

Respondo, quase sem voz:

— Vamos...

# MOMENTO REFLEXIVO

Você tem amor-próprio? Sim ou não? De verdade?

Muitos confundem amor-próprio com ego e, com isso, pensam que amor-próprio é se olhar no espelho e se achar o máximo, mas não é nada disso!

Amor-próprio é quando você já amou seus pais com todos os defeitos e aceitou quem eles são, gerando aceitação por sua ancestralidade e, com isso, por você mesmo(a).

A opinião dos outros não importa, porque a sua opinião sobre si é o bastante para fazer você se sentir bem.

**Então, eu lhe pergunto novamente: você tem amor-próprio?**

_____

**Se sua resposta foi sim, ótimo! Continua alimentando esse amor, pois ele vai te levar longe! Se a sua resposta for não, escreva a seguir o que falta para você possuir o tão sonhado e verdadeiro amor-próprio.**

_____
_____
_____

## Os 5 fundamentos de reencontro com seu EU

**Você sente que ama as pessoas ao seu redor, como seu pai, sua mãe, irmãos, filhos e cônjuges? Se a resposta for não, explique com suas palavras o que você acha que precisa para conseguir amar essas pessoas.**

_____

_____

_____

**Você acredita que tem um amor pleno, saudável e feliz com seus pais?**

_____

**Você acredita que tem um amor pleno, saudável e feliz com seus irmãos?**

_____

**Você acredita que tem um amor pleno, saudável e feliz com seus filhos?**

_____

**Você acredita que tem um amor pleno, saudável e feliz com seus amigos?**

_____

**Pense profundamente sobre suas emoções e escreva abaixo o que acredita que pode fazer para que o amor flua ainda mais em sua vida!**

_____
_____
_____
_____
_____
_____

# CONCLUSÃO SOBRE O AMOR E O AMOR-PRÓPRIO

Todos buscamos o amor!

Desde que nos entendemos por gente, passamos a buscar, em um príncipe encantado ou princesa, todas as soluções de nossas vidas. Por quantas vezes você se apaixonou e projetou no parceiro ou parceira a cura de todas as feridas que trazia da infância? Quantas vezes não olhou para a pessoa amada e imaginou que ela jamais faria igual àqueles que magoaram você, como o seu pai ou a sua mãe?

Se você está nessa busca, pode ter ouvido falar sobre a Teoria dos Jogos e a Gestão do Comportamento, conhecimentos que podem ser divertidamente utilizados em nossos relacionamentos interpessoais. Mas não é só isso. Você pode escolher aprender mais sobre esses assuntos lendo o livro *MindSer – A mentoria definitiva em 7 passos de quem já é sucesso para um sucesso surpreendentemente maior!*

Enquanto não compreendemos o amor real e o amor por si mesmo em sua forma mais profunda, passamos décadas projetando em terceiros aquilo que deveríamos encontrar em nós: a aceitação de nós mesmos!

A aceitação não apenas do que vemos no espelho, mas da história que carregamos: de onde viemos, de quem viemos, onde moramos, nossa escola, nossos amigos, mas, principalmente, nossos pais, avós e toda a ancestralidade.

Amor e amor-próprio começam quando nós finalmente aceitamos que somos metade pai e metade mãe, independentemente de quem eles sejam. Percebemos com orgulho que repetimos muito do que eles são e do que fizeram. Resilientes e conscientes, passamos então a trabalhar aquilo que acreditamos que pode ser melhorado, mas sem mais qualquer julgamento.

Amor e amor-próprio significam aceitação, sem qualquer resistência. Passa-se a moldar o que fizeram de nós, sem mágoas ou rancores, assim como um artista que lapida sua escultura. Não se briga com a pedra a ser lapidada, apenas se trabalha essa pedra, na força e no tempo em que a arte se faz possível.

Durante o meu caminho, percebi que, despida de todos os julgamentos que fizera em relação aos meus pais e depois a mim mesma, estava finalmente pronta a mudar a mim mesma, porque finalmente me aceitei.

Eu entendi que a menina magrinha de óculos marrons, tímida e medrosa não era assim por culpa de seus pais nem por autorresponsabilidade. Eu fui o que tive de ser, num aprendizado e caminho bem maior do que o ser humano está apto a perceber. "Há mais coisas entre o céu e a terra do que pode imaginar nossa vã filosofia", segundo William Shakespeare.

## Os 5 fundamentos de reencontro com seu EU

Nesse lindo processo de cura, afirmo com todas as letras que recebemos muito mais do que o nome de cada passo propriamente escrito aqui, pois a consequência de cada um deles envolve o desenvolvimento de nossa maturidade, resiliência, sabedoria, leveza, qualidade de vida, ascensão de pensamentos, valores e tanto mais.

Quando passamos a amar a nós mesmos e aos outros, paramos de fazer projeções, de criar expectativas em outras pessoas, não nos iludimos mais com a crença limitante de que a felicidade está no encontrar alguém, porque finalmente encontramos a pessoa mais importante de nossas vidas: nós mesmos!

# Capítulo 4
# A GRATIDÃO

"Nas nossas vidas diárias, devemos ver que não é a felicidade que nos faz agradecidos, mas a gratidão é que nos faz felizes."

Albert Clarke

De que forma a gratidão pode transformar a vida de uma pessoa? Simplesmente, ser grato por algo muda alguma coisa? Sim! Muda tudo!

Lembre-se de que tudo é energia: vibramos numa determinada frequência, que atrai para nós exatamente aquilo que estamos vibrando.

Se eu sinto raiva, impaciência e irritação o dia todo, mais situações que vão ressoar com as minhas emoções irão acontecer. De forma consciente ou inconsciente, entramos no ciclo daquilo que emanamos.

Pense numa discussão: duas pessoas começam a se agredir lentamente. Se ambas pensam em revidar, essa desavença não terá fim, poderá terminar num rompimento ou agressão. Quando um dos interlocutores para de agredir e pede desculpas, toda a direção muda, até que o conflito se encerre.

O mesmo ocorre com nossa energia. Se eu tenho gratidão, gero emoções positivas, vibro em alta frequência e atraio para mim situações que ressoam com meu estado de espírito. Pense no velho ditado: "Diga-me com quem andas e te direi quem tu és!". Da mesma forma que semelhante atrai semelhante, as situações que se assemelham se atraem, bem como nossas sensações.

Com o passar dos anos e experiência de vida, finalmente entendemos o poder da gratidão, não apenas por tudo aquilo que a vida nos deu de bom, mas também pelo que era supostamente ruim. Compreendemos que mesmo as dores e sofrimentos foram necessários para nos moldar ao que somos hoje.

A gratidão pelas fases ruins nos torna aptos a aceitar as dificuldades, que chegam de uma nova perspectiva, já que percebemos que a vida é um eterno resolver de problemas, porém eles podem ser vistos como desafios e não mais como um peso.

Enxergar a vida pelo viés da aceitação e fé de que tudo que acontece está correto nos permite leveza no dia a dia, qualidade de vida, amor, esperança e uma infinidade de coisas boas que, por si só, já justificam o ato de agradecer.

Não é fácil dizer obrigado ou obrigada para algo ruim simplesmente por se ler um texto como este, mas, a partir dessa compreensão, toda uma vida pode começar a mudar.

Aceite essa ideia como uma sementinha e permita que ela brote em sua mente e seu coração. Você não perde nada em ser grato, apenas ganha!

Obrigada! Gratidão!

Presenteie-se, realize uma atividade de tratamento para a gratidão após a leitura integral desta obra. São atividades que se atualizam com o tempo.

Lucy Mari Tabuti

PRESENTE PARA VOCÊ!

Sinto uma terrível dor nas costas.

"Para onde estou indo?"

Remexo-me no sofá e presto atenção à respiração.

"Ok, Mari! Encare o que tiver de encarar!"

Mergulho numa nova lembrança.

É sábado e eu estou montando o berço do meu primeiro filho.

Vejo-me falando sozinha:

— Ai, ai, ai – pressiono as costas com as duas mãos.

Respiro fundo.

— Será que eu devo ir ao hospital?

"O que eu faço?"

Olho para o bercinho, passando a mão na barriga de sete meses e penso no processo da gravidez.

— Que vontade de fazer xixi. Outra vez...

"Será que é normal essas idas ao banheiro toda hora?"

Penso no livro *Brida*, de Paulo Coelho, com o qual aprendi a mudar o foco da dor.

Sussurro:

— Até tratamento de canal sem anestesia eu já fiz.

"Será que é possível eu não sentir a dor da gravidez como uma mulher normal?"

Fico na dúvida se corro para o banheiro ou se vou para o hospital.

"Até com o yaitô eu me acostumei! É possível que eu não sinta a gravidez como deveria."

Decido ir ao hospital.

A lembrança cessa rapidamente, indo para a seguinte.

---

"Onde eu estou? Onde eu estou?"

Sinto minha cabeça estranha e pesada.

Abro os olhos e me vejo num quarto de hospital.

"Mas eu estou de cabeça para baixo."

Tento respirar normalmente, mas não é fácil.

"Que sensação horrível."

Falo com a enfermeira:

— Estou cansada de ficar assim, cadê o médico?

Ela se abaixa para falar comigo:

— Sinto muito, eu sei que você está assim desde ontem, mas você está com cinco dedos de dilatação e só sete meses de gestação. Temos que aguardar seu médico para ver o que ele vai fazer.

Engulo seco com a dificuldade de quem está literalmente de ponta-cabeça.

"O Akira vai nascer?"

A enfermeira parece adivinhar meus pensamentos:

— Seu filho vai nascer!

Respondo, com veemência:

— Não vai, não.

"Ainda não está na hora!"

Meu coração bate descompassado, numa mistura de medo e emoção. Vejo o médico chegar com exames na mão:

— Bom dia, Mari!

— Oi... – falo com dificuldade.

Ele fica olhando os exames e continua falando, como se fosse normal eu estar de ponta-cabeça desde ontem:

— Seu bebê pode nascer agora, de sete meses, mãe!

"Oi?"

— Não...

— Ou você pode esperar na cama, deitada, sem se levantar para nada, até completar os nove meses.

"Deitada?"

Ele fala comigo outra vez:

— Sei que não é o tempo, mas seu bebê é grande, está com quarenta centímetros e um mil, oitocentos e trinta gramas.

Estou com os olhos estalados, o encarando.

Ele olha sério para mim:

— Você tem duas escolhas: segura a gravidez, deitada o tempo todo, não se levanta para nada, mas pode ter infecção que pode matar você e seu bebê. Ou tem o seu filho agora, que vai para a UTI neonatal e vai ficar tudo bem.

Respiro fundo, tentando tomar uma decisão.

"O que você vai fazer, Mari? Será sua culpa? Por que você trabalhou sessenta horas por semana durante a gestação?"

O médico fica com uma das mãos na cintura, me encarando:

— E então? Vamos fazer cesárea?

— Não. Vai ser parto normal.

Ele me responde, visivelmente irritado:

— Não vou discutir com você agora.

Seguimos para a sala de parto, onde eu sigo dilatando.

No fim, meu filho vem ao mundo como eu decidi: de parto normal.

Minha cabeça gira, como se eu saísse do estado de cabeça para baixo, rapidamente para cima.

"Ai, meu Deus. É tudo tão rápido."

— Foco, Mari!

---

Percebo que sinto ternura com a próxima lembrança.

"Onde eu estou agora?"

Olho em meu entorno e percebo que estou no hospital, na UTI neonatal, tocando meu filho levemente com as mãos.

"Eu amo você, meu filho. Você vai ficar bem!"

A enfermeira fala comigo:

— Seu filho está bem, Mari, só o pulmãozinho dele ainda não está maduro, mas logo vai para casa.

Suspiro:

— Já são quase cinquenta dias.

Observo ao meu redor e vejo várias mães chorando e em desespero.

"Parece que eu sou a única mãe racional, que não chora!"

Olho para o Akira:

— Eu sei que você vai sobreviver!

A enfermeira me aborda de novo:

— Claro que vai, ele só ficou além do tempo, porque pegou infecção hospitalar com vinte dias de vida.

— Eu sei.

Penso nos funcionários do hospital quebrando os protocolos várias vezes, como tocar os bebês sem luvas ou sem lavar as mãos.

Suspiro:

— Ai, ai.

Fico olhando cada pedacinho do meu bebê.

"Você já é um guerreiro, Akira! É vencedor!"

Toco seus dedinhos da mão, um a um.

A enfermeira parece querer conversar:

— Seu filho é bom, depois de sete dias de vida, já dormia seis horas por noite.

Sorrio:

— Ele é maravilhoso mesmo!

Não consigo tirar os olhos dele.

"Você é muito amado e bem-vindo, meu filho!"

---

"A lembrança parece se acelerar."

Estou mais uma vez no hospital.

Falo baixinho, comigo mesma, aos sussurros:

— Cinquenta e cinco dias.

Percebo meu cansaço por estar tanto tempo aqui.

O médico chega falando e sorrindo:

— Feliz Dia das Mães, Mari.

— Obrigada, doutor!

— O seu filho vai ter alta hoje.

Encho-me de alegria imediatamente:

— Obrigada, doutor! É muito bom poder levar meu filho para casa.

Ele balança o queixo para cima e para baixo.

Eu completo:

— Finalmente!

"Pela primeira vez!"

Não fomos para casa logo em seguida, mas para a casa da minha irmã, e só começamos a receber visita depois de quatro meses, para garantir que nada pudesse afetar a saúde e o desenvolvimento do Akira.

Respiro profundamente.

"Eu jamais colocaria a saúde dele em risco!"

Movo os dedos das mãos por um segundo.

Percebo que vou para outro lugar, onde já me sinto diferente da sensação de mãe de primeira viagem.

"Para onde estou indo? Que recordação é esta?"

Foco na minha respiração e me permito ir.

"Eu vou voltar a dar aula. É isso!"

Depois de quatro meses de licença, mais um mês de férias, a felicidade de voltar ao trabalho é enorme.

Lembro-me desse momento e me deixo ir.

"Eu nasci para trabalhar, para vencer desafios!"

Estamos em casa, meu marido me questiona:

— Como você vai fazer, Mari?

— Eu deixo o Akira com a minha mãe à tarde e à noite eu trabalho em casa.

— Mas e o leite?

— Eu vou amamentar antes do trabalho e vou tirar o leite para deixar para ele na mamadeira.

Ele me olha, parecendo um pouco inseguro:

— Será que vai dar certo?

— Claro que vai!

— E sua mãe vai voltar a falar comigo?

Rimos:

— Agora vai!

Percebo meu corpo anestesiado e seguindo para outro instante.

---

Estou incomodada, prestes a reviver algo que me decepcionou muito.

"Para onde estamos indo?"

Meu filho está brincando na sala. Akira tem um ano.

"Por que estou tão decepcionada? Para onde estou indo em minha memória? Eu quero mesmo ir?"

Foco na minha respiração.

Vejo-me mexendo no computador do meu marido e bastante surpresa:

— Por que, meu Deus? Por quê?

"Ai, meu Deus! Estou me lembrando deste dia!"

Continuo a reviver o momento, embora não tenha vontade e questiono, sozinha:

— Investir cem mil reais para ter um filho comigo e me trair? Ao mesmo tempo?

Sinto um nó na garganta.

— Que absurdo! Que decepção!

Meu coração está acelerado.

"Não sou capaz de compreender nada disso."

— Se não me queria mais, não podia ter terminado?

Balanço a cabeça para os lados e sussurro:

— Eu escolhi você porque acreditei que seria um bom pai. E você é. Mas precisava me trair?

Penso na gravidez de risco e em como ficamos um tempo sem nos relacionar.

"Nós estávamos juntos nessa, não?"

— Não me conformo.

A minha forma racional de pensar me ajuda a não me desestabilizar, mas é uma decepção muito grande.

— Tenho que pensar em mim agora. Tudo são escolhas.

Levanto-me e fico andando de um lado para o outro na sala.

Minha respiração está ofegante e, entre um passo e outro, fico olhando meu filho brincar.

— Por que, meu Deus? Por quê?

Temos uma viagem programada; no caminho, falo sobre minhas descobertas e de uma das pessoas que me traíram por mais tempo.

Ele fica olhando pensativo e inicia uma narrativa de defesa, percebendo, talvez, o erro que cometeu.

— Perdão, Mari, perdão, eu não queria fazer isso.

Respondo com tranquilidade, apesar de decepcionada, pois valores como honestidade e ética sempre foram seus pontos fortes:

— Você não queria fazer isso? Você está fazendo isso há um ano e meio.

— Me perdoa, Mari, por favor.

Olho para a estrada e penso um instante:

— Você decide o que você quer.

Balanço a cabeça para os lados, inconformada.

— Me perdoa, Mari, é claro que eu vou ficar com você.

Solto o ar dos pulmões com força, sem conseguir responder.

Ele faz uma promessa:

— Eu nunca mais vou te trair, Mari, eu prometo.

"Não gosto de reviver este momento!"

O relacionamento nunca mais foi o mesmo.

E eu engravidei de novo.

"Ai, ai."

---

Sinto minha cabeça girar e vejo inúmeras imagens passando por mim, como se pudesse avançar no tempo.

"Aonde estou indo?"

Entrego-me ao processo.

"Confie, Mari! Sempre funciona com seus clientes. Vai funcionar com você mesma!"

Logo, uma nova lembrança chega.

Eu estou em casa com meu marido e o meu filho, me sentindo muito feliz.

Posiciono-me na frente dele, prestes a contar uma novidade:

— Eu estou grávida, amor!

Ele dá um pulo do sofá:

— Grávida?

Sorrio, balançando o pescoço e confirmando a novidade.

Ele me abraça e dá um beijo em meu rosto:

— Mas você não fez tratamento dessa vez.

Assinto:

— Pois é, não é incrível?

— Ainda bem que você terminou seu MBA nos finais de semana.

— Sim, agora ia ficar difícil.

Rimos um com o outro, alegres com o aumento da família.

Meu marido me pergunta:

— E ele vai se chamar Hideki, como você imaginou antes?

— Sim, Mateus Hideki.

Ele passa a mão no meu cabelo, sorrindo:

— É, combina com Gabriel Akira.

— E todo mundo chama o Akira pelo nome japonês, menos a minha mãe.

Ele ri:

— Por que será?

Encho o peito e solto:

— Não sei.

"Nem quero saber!"

Percebo minha mente correndo, para outro lugar.

---

Eu estou no quarto, dormindo, quando escuto a voz do Hideki:

— Pai, pai!

Abro os olhos e vejo meu caçula na beira da cama.

Cutuco meu marido:

— Ele quer você, amor!

Meu marido responde com voz de sono:

— Oi, filho.

Eu brinco:

— Ele sempre chama você de madrugada.

"Por que será?"

Não contesto.

"Acho bom, assim eu tenho um descanso."

Pai e filho se abraçam.

Volto a fechar os olhos na cama e penso nos meus filhos.

"O Akira recebeu bem o Hideki. Pudera, é uma criança independente, desce da cama sozinho e vem até aqui."

Abro os olhos novamente e vejo meu marido ajeitando o filho na cama.

Comento:

— Ainda bem que eu mudei de trabalho, pedi licença não remunerada e fui para outro lugar.

Ele responde, ainda com sono:

— É, trabalha menos e ganha mais. Esperta você.

Faço uma graça:

— Costumavam me chamar de ligeirinha. Na verdade, é porque hoje trabalho muito mais com o que eu gosto.

— E eu não sei?

Ajeito-me na cama e volto a dormir.

Procuro a voz da Mari do gravador, que me estimula:

— Isso, Mari, se permita sentir todas as emoções, memórias e lembranças que estão chegando neste processo.

"É incrível como nem preciso ouvir mais a sua voz, parece que está acoplada a todas as lembranças que estou revivendo."

Foco a respiração e sigo para um novo momento desta viagem incrível.

---

"Onde eu estou?"

— Então você preferiu voltar a trabalhar, Mari?

— Pois é.

Percebo que estou num antigo trabalho, conversando com uma colega, que pergunta:

— Mas você ainda podia ficar em casa com seus filhos, não?

Eu explico:

— Sabe que é justamente esse o ponto?

— Como assim?

Respiro fundo antes de responder, soltando o ar devagar:

— É mais fácil voltar a trabalhar do que ficar com dois filhos em casa o dia inteiro.

Minha colega ri.

Eu brinco:

— Você surta.

— E o casamento?

"Ai, ai... Nunca mais foi o mesmo depois da traição."

— Tudo bem, obrigada. Meu marido é um ótimo pai.

Felizmente, ela muda de assunto:

— E aqueles cursos de matemática que você fez nos finais de semana?

— Muito bons, eu indico de olhos fechados.

Ela põe a mão na cintura e fica me olhando, balançando a cabeça de um lado para o outro:

— Quem faz curso de Matemática no fim de semana, Mari?

Respondo, sorrindo:

— Eu!

"Gostei dessa lembrança. Foi um dia feliz!"

Foco a respiração, para seguir viagem.

---

"Onde eu estou?"

Ouço a voz do meu marido:

— Como assim, você vai dar entrada no doutorado, Mari?

— Você sempre soube que eu ia fazer doutorado.

— Mas agora?

Balanço a cabeça, confirmando e argumento:

— Nossos filhos já não são mais bebês, qual o problema?

— Mari, você trabalha setenta e duas horas por semana, faz eventos aos sábados, domingos e feriados, como você vai dar conta de tudo isso?

"Sei que é muito, mas eu quero. Eu posso, eu consigo!"

— Eu vou dar conta, sempre dou.

— Mas e as crianças?

"Amo minhas crianças!"

— Eu fico com eles todo dia um pouco à tarde, você sabe disso. O importante é a qualidade do tempo que fico com eles, e tem sido muito bom.

Ele concorda e eu prossigo:

— Mais importante do que passar o dia inteiro com eles é estar bem quando estou com eles, plena.

Meu marido fica me olhando em silêncio.

"Será que ele está bravo? Contra minha decisão?"

Questiono:

— Você está cansado de ficar com nossos filhos à noite?

— Não, está tudo bem. Só estou preocupado com você.

"Comigo? Que amor! Bem diferente da minha família!"

— Não se preocupe, vai dar tudo certo.

Abraçamo-nos e eu me sinto feliz. Porque, depois de tantos anos, é a primeira vez que vou fazer algo para mim, só para mim.

Lembro-me do gravador, ao perceber sua voz:

— Muito bem, Mari, você está revivendo um turbilhão de emoções no dia de hoje. E apesar de eu não saber quais são todas essas emoções que está revivendo, se entregue a elas, se permita ir. Tudo fará sentido para você depois, confie!

"Eu confio!"

Sinto minha respiração e sigo com ela para outro instante.

É tarde da noite.

Eu estou nos Estados Unidos com a minha família.

"Estou cansada!"

Estamos chegando ao hotel, após fazer compras num supermercado.

— Estão com fome, meus amores?

"Meus filhos não comem qualquer coisa, dá trabalho, mas vale a pena!"

Falo para o Akira:

— Olha, meu amor, eu vou preparar arroz japonês e legumes para você comer e depois vou para o quarto estudar, tá bom?

Ele reclama um pouquinho:

— Mas, mãe, até aqui você vai estudar?

Meu marido fica olhando, mas não diz nada.

Eu respondo, passando a mão em sua cabeça:

— É importante para a mamãe, filho.

Agora o caçula entra na conversa:

— Mas mãe, nós vamos à Disney!

— Vamos, filho! Só que, antes, eu preciso estudar um pouco, tá bom?

Suspiro.

"Depois de ter sido aprovada na Poli-USP, nem aqui eu deixaria de estudar!"

O Akira me pergunta:

— Mãe, que horas a gente vai para o parque?

— Amanhã cedo, então você tem que tentar dormir cedo para estar bem descansado, tá bom?

Ele assente.

Eu tento animá-lo:

— E amanhã eu acordo mais cedo ainda para fazer nossos lanches.

"Eu vou dormir o quê? Umas duas ou três horas no máximo!"

Respiro fundo.

"Acho que vou ficar mais cansada!"

Mas sorrio. E meu marido me pergunta:

— Mari, do jeito que você está indo, vai acabar terminando seu doutorado em bem menos tempo.

— Essa é a ideia.

Ele fica me olhando e eu brinco:

— Ligeirinha versão três!

"Minhas versões estão cada vez melhores!"

Movo os dedinhos dos pés.

"Acho que movo os dedos para sentir o meu corpo durante o processo, de vez em quando. É tudo tão rápido, profundo e vívido, que acho bom me lembrar de que estou, na verdade, em autoconhecimento!"

Respiro.

"Que terapia incrível, meu Deus! Todo mundo deveria conhecer!"

"Onde estou? Onde estou?"

Sinto uma frieza me envolver. Uma rigidez total.

"Onde eu estou?"

Sinto o coração acelerado e não acredito que quero estar aqui.

"O que eu faço?"

Ouço a voz no gravador:

— Entregue-se, Mari. Confie no processo e sinta toda emoção que vier até você.

"Ai, meu Deus. Tá bom!"

Vejo-me no cartório, um ano depois dos Estados Unidos.

"Nossa!"

Foco na minha respiração para suportar reviver este momento.

"Difícil!"

Eu e meu marido estamos prontos para assinar o divórcio.

"Nós nunca mais fomos os mesmos depois da traição. Não tem como!"

Ele olha para mim:

— Você primeiro, Mari! – ele aponta na direção do documento.

Eu movo o queixo levemente para baixo e pego a caneta.

"Não queria estar aqui. Foi tão triste!"

Sinto a mão tremer.

"Não trema, Mari. É isso que você quer e você se preparou para isso!"

Suspiro, baixinho:

— Ai, ai.

Assinto e entrego a caneta na mão dele.

Quando ele termina de assinar, olho em seus olhos e finalizo:

— Obrigada. Vou indo, ainda tenho que trabalhar!

Ele não responde, mas balança a cabeça para cima e para baixo.

"Acho que ele está bem!"

Foi um casamento muito bom. Porém, nossas escolhas nos levaram a caminhos distintos, e tudo bem!

Percebo que a lembrança termina aí e me sinto aliviada.

Quero ir para outro lugar!

---

Uma emoção positiva invade todo meu corpo.

Minhas mãos se aquecem.

"Estou feliz. Que momento é este?"

Tento observar o meu entorno e finalmente me dou conta de onde estou.

Vejo-me num evento da ONG de Educação que acabei de fundar e estou rodeada de pessoas.

"Mais um dia feliz!"

Uma colega de trabalho me aborda:

— Parabéns, Mari, que evento lindo.

"Está lindo mesmo. Perfeito!"

— Obrigada!

— Como você conseguiu unir sua ONG de Educação com empreendedorismo, tecnologia e desenvolvimento humano, Mari? É impressionante.

Concordo e comento:

— É possível e necessário unir todas essas coisas.

Ela põe a mão sobre o peito:

— E o coração, como é que vai? Já faz um tempo que você se separou, não?

"Por que as pessoas sempre querem saber desse assunto? O mais importante para mim sempre foi ajudar as pessoas com o meu trabalho!"

Respondo:

— Meu coração está fechado, me decepcionei demais com os homens.

Ela parece querer me consolar:

— A vida não é assim, amiga, você tem que se abrir para o amor novamente.

— Prefiro me dedicar ao trabalho e ao estudo.

— Mari?

— Sim?

— Você é jovem, bonita, inteligente, bem-sucedida. Não pode só trabalhar e estudar.

Eu solto uma risada descontraída:

— Quem disse?

---

Sinto minha cabeça girar e sei que estou avançando no tempo.

"Eu estou feliz! Onde eu estou?"

Vejo-me andando para todos os lados, durante um dos meus eventos, e vejo vários de meus estudantes trabalhando voluntariamente para mim.

"Não é este o sentido da vida, senão o compartilhar do conhecimento, ajudando as pessoas?"

Suspiro, sentindo uma satisfação enorme.

"Acho que nunca fui tão feliz em minha vida!"

Meu coração está palpitando cheio de alegria.

Um estudante meu se aproxima:

— Mari, Mari, eu preciso te contar uma coisa.

Ele pega as minhas mãos por um segundo e me pergunta, todo empolgado:

— Você já ouviu falar de um treinamento sobre mentes?

"Treinamento sobre mentes?"

Balanço a cabeça, em negação.

Ele logo me faz um convite:

— Vai ter um treinamento no próximo feriado de Carnaval, vem comigo?

— Como assim?

Ele continua me falando, animadíssimo, até me convencer a ir ao tal evento de oito dias.

"Ok! Eu adoro aprender mesmo! Quem sabe, com esse treinamento sobre mentes, eu possa ajudar mais ainda os meus estudantes."

Sigo o movimento da minha mente e da voz que fala no gravador:

— Viva suas lembranças, Mari!

## Lucy Mari Tabuti

⋘⋙

"Vivo! Onde estou agora?"

Chegou o fim de semana do treinamento.

Eu estou nervosa, entrando na sala enorme, onde há muitas pessoas.

"Ai, meu Deus. Ai, meu Deus! Quanta gente!"

Desabafo com meu estudante:

— Tem muita gente aqui!

Ele me olha, mas ele está todo feliz. Parece que nem registra minha fala, nem percebe o meu mal-estar.

— Vamos, Mari! Vem!

Ele quer me levar para uma fila em que várias pessoas querem cumprimentar o "bam-bam-bam" do evento.

Ele me puxa pela mão:

— Mari, olha lá, aquele cara é bem conhecido desse mundo de entendimento da mente e do comportamento humano.

Eu aponto um canto da sala, onde prefiro me sentar, sem ter que interagir com ninguém e onde tem uma tomada para eu ligar meu computador.

"Pelo amor de Deus, ninguém fale comigo!"

Sento e solto o ar que estava parado no peito, tamanha a ansiedade.

Falo com ele, que continua seguindo na fila, e eu, sentada:

— Eu tenho fobia social, lembra?

Meu estudante espreme as sobrancelhas e não me ouve. Ou finge que não ouviu. Ele fica na fila.

"Vai saber?"

— Tá...

Ele segue na fila e eu fico na minha cadeira, apenas aguardando o início do evento.

Passa um tempo, meu estudante se senta ao meu lado e alguém começa a apresentar o evento, onde os melhores terapeutas do País vão participar.

Penso com meus botões:

"O que eu tenho para aprender aqui?"

Respiro fundo e me sinto mais segura agora.

"Pelo menos, agora ninguém fala comigo. Todos estão prestando atenção no palco!"

Estou com um boné vermelho, como se isso me ajudasse a ficar escondidinha no meu canto.

Falo comigo mesma:

— Quero ver se esse negócio de hipnose serve para a educação.

Meu estudante pensa que é com ele:

— Oi, Mari?

— Nada, não, presta atenção lá no palco.

Melhor pensar calada.

"Eu amo educação e ajudar pessoas, me apaixonei pelo que a minha ONG proporciona: ajudar pessoas. Vamos ver se esse método tem como ajudar os estudantes a aprender de melhor forma."

O terapeuta principal, que é o instrutor, é aplaudido de pé.

"Eu não vou me levantar, não!"

Fico no meu canto, de caderno, caneta e computador na mão.

"Como uma boa ligeirinha que sou!"

O profissional começa o treinamento.

"Uau!"

Falo, baixinho:

— Eu vou ser a pessoa que mais vai aprender aqui, senhor instrutor! Pode estar certo disso!

Após a aula, me sinto feliz com o que vi e decido ler toda a apostila do curso durante a noite.

"Ligeirinha versão quatro, *baby*!"

Percebo que esta lembrança chega ao fim e me sinto feliz com ela.

"Aonde será que vamos agora? Esse processo está tão gostoso agora!"

Foco o peito.

"Ar entra. E sai."

---

Eu me vejo numa sala com um estudante muito especial.

Ele fala comigo, demonstrando gratidão:

— Obrigado, Mari, por me ajudar com esse seu novo conhecimento.

Eu também estou grata:

— Você é que está me ajudando, ao me permitir treinar essa terapia de ressignificação da mente com você, meu amigo.

Ele tem lágrimas nos olhos. Tenta se explicar:

— Eu sou muito grato a você, Mari. Desde anos atrás, quando me chamou para trabalhar com você naquela sua franquia de chocolate.

Balanço a cabeça para os lados, com um leve sorriso no rosto:

— Naquela em que eu perdi muito dinheiro?

"E pensar que estamos na Páscoa agora!"

Ele concorda.

Mas eu me corrijo:

— Eu até digo que foi a pós-graduação mais cara que já fiz, pois aprendi muito em termos de administração, vendas, *marketing*, franquia, chocolate, absolutamente tudo o que uma empresa precisa para funcionar bem.

Ele suspira, satisfeito:

— Foi uma escola para nós, Mari.

— Não foi?

Respiro fundo e aponto um sofá para que meu estudante se acomode:

— Fique à vontade. É importante.

Ele se deita e eu me sento numa poltrona, logo ao seu lado.

Pergunto:

— Como você se sente?

Ele parece fazer uma pausa, antes de me responder, suspirando:

— Ah, você sabe, Mari, estou vivendo uma fase muito difícil da minha vida.

Toco seu ombro com leveza:

— Me fale tudo o que você sentir vontade.

Ele respira fundo e cria coragem para o processo:

— Veja bem, eu estou com cinquenta e um anos e me sinto um fracassado.

Respondo devagar, para que ele relaxe:

— Por que se sente um fracassado? – vou fazendo anotações sobre ele.

Ele fica olhando para cima, como se fosse difícil se abrir me olhando nos olhos:

— Eu me dei mal na vida muitas vezes, estou cansado.

— Entendo.

Ele prossegue:

— Moro na comunidade após ter sido gerente de banco, fiz curso de rede de computadores, trabalhei, estudei e parece que não saí do lugar.

Ele respira profundamente e eu tento fazê-lo ressignificar sua afirmação:

— Mas você não adquiriu vários aprendizados com tudo isso?

Agora ele me olha:

— Sim, mas isso não muda o peso do meu fracasso.

Suspira e continua:

— Além disso, tenho minha filha, que não vejo há anos, e me sinto um fracasso como pai também.

Toco novamente seu ombro, com gentileza:

— Você aceita fazer esse tratamento comigo para resolver todos esses problemas?

Ele me olha, agora com os olhos bem abertos, surpreso:

— Mas claro, Mari, você vai fazer isso por mim? Você sabe que eu não tenho como pagar no momento.

Balanço o pescoço para os lados:

— Você paga com sua confiança, meu amigo, você é o meu primeiro cliente. Você é quem está me ajudando por confiar em mim.

Ele esboça um semblante de alívio.

"Parece feliz!"

Eu ouço toda a sua história novamente com atenção plena e inicio o meu processo MindSer de reeducação da mente, pela primeira vez:

— Eu vou pedir para você fechar os seus olhos. Sinta-os relaxando, relaxando, e ficando cada vez mais pesados.

Revivendo esta cena, sinto meus próprios olhos pesando ainda mais.

"Como se já não estivesse num processo de autoconhecimento há horas. Horas? Há quanto tempo estou aqui? Perdi a noção do tempo. Que incrível!"

Falo em voz alta para não perder minha atenção:

— Foco, Mari. Foco!

Revejo a minha primeira sessão como psicoterapeuta com orgulho da nova direção que dei à minha vida naquele momento.

A sessão dura cerca de três horas e, após a sessão, sugiro ao meu estudante:

— Pega um ovo de Páscoa e leva para a sua filha.

— O quê? Como assim, Mari? Eu não tenho coragem.

— Vamos começar a mudar a sua vida?

Ele me olha sem coragem de contra-argumentar, então eu continuo:

— Vai à casa dela e deixa lá, mesmo que você não entregue em mãos, mas isso vai começar a mudar a sua relação com ela.

Silêncio.

Ele se rende.

Sei que, depois de muito relutar, ele seguiu meu conselho. E deu certo. Toda sua vida começou a mudar a partir daquele ovo de Páscoa!

Suspiro, feliz, e me permito seguir no processo.

"Apesar de a Mari do gravador estar me direcionando para momentos inesperados, estou gostando de reviver estes aqui! Será que estou fazendo certo?"

Falo para mim mesma:

— É claro que está, Mari! É claro!

---

"Para onde estou indo agora?"

Sinto uma euforia dentro de mim.

— O que está acontecendo?

"Foco na respiração, Mari. Atenção ao processo!"

Acalmo-me e sigo para o momento.

Eu estou numa sala com alguns estudantes.

Começo uma explicação:

— Como vocês sabem, eu chamei vocês aqui para fazer um processo MindSer de reeducação da mente para um equilíbrio emocional.

Eles me olham atentamente.

"Vai ser a minha primeira vez como psicoterapeuta em grupo!"

— Uau...
"Que lembrança deliciosa!"
Mas sinto que já estou indo para outro lugar.
"Por que tão rápido?"

---

Depois de ver o resultado de meu método de terapia, que reeduca a mente das pessoas, em vários dos meus estudantes, resolvo finalmente aplicá-lo em mim mesma.

Procuro um colega de profissão renomado e consigo me tratar com o mesmo processo pela primeira vez.

"Não seria essa uma incoerência, Mari? Sim, seria."

Talvez eu devesse ter feito o processo contrário, mas aceito que para mim foi assim.

Vejo-me falando sozinha:

— Tudo tem um porquê. E tudo está certo, pois sempre caminhamos para algo melhor, mesmo quando o que estamos fazendo parece algo errado. Mas nunca é!

Percebo que, na lembrança, também estou deitada numa poltrona e fechando os olhos pela primeira vez como cliente de um método que ressignifica nossas causas emocionais, diretamente na raiz.

"Eu me sinto bem! Confiante!"

Suspiro, focando a voz do meu amigo:

— Relaxe, Mari, sinta seus olhos cada vez mais pesados...

Sigo meu processo de ressignificar minhas questões emocionais com orgulho, aceitação, resiliência e muita gratidão.

"Que momento único. Inesquecível!"

---

Sigo para outro momento da minha vida.

Eu estou numa sala pequena, que acabei de alugar para atender pacientes com o método MindSer de reeducação da mente.

Dou uns passos ao meu redor, olhando a decoração que fiz.

— Está tudo tão bonito...

"E pensar que fiz propaganda no Google Ads pela primeira vez."

— Será que vai funcionar?

Pego-me sorrindo, fazendo um círculo em torno de mim mesma.

— É claro, que vai, Mari! – eu me estimulo.

"E pensar que não contei para ninguém, absolutamente ninguém, sobre esse projeto!"

Olho pela janela.

Estou aguardando a minha primeira cliente, uma senhora com quem falei por telefone, de setenta e dois anos de idade.

"Vai dar certo, Mari! Vai ser incrível!"

Alguém toca a campainha e eu me arrumo para abrir a porta. Abro e dou de cara com a senhorinha simpática:

— Bem-vinda, dona Maria, entra!

Ela me dá um beijo no rosto e já caminha em direção à poltrona, lentamente:

— Obrigada por me receber, Mari!

— Eu é que agradeço. Fique à vontade e se sente da forma como se sentir melhor!

Ela se ajeita e eu começo a fazer perguntas sobre a sua vida, entendendo seu problema principal: a depressão!

"Mais um momento feliz na minha vida! De virada!"

Foco o peito, soltando o ar lentamente.

"Para onde vou agora?"

---

Estou no trabalho, lendo algo no meu computador, que parece ser bem importante.

Falo, em tom alto e forte:

— O quê? O Michael Arruda, presidente da Omni Brasil, está me convidando para um projeto?

Leio novamente a mensagem com o seu convite.

"Primeiro Mastermind Heroes do Brasil!"

Falo comigo mesma:

— Uau! É claro que eu aceito!

Continuo lendo a explicação no corpo da mensagem, agora em voz alta:

— Estou chamando os vinte melhores profissionais que atuam com o método da Omni neste país, para formar um grupo que faça palestras e eventos.

"Minha nossa! Quero! Quer dizer, aceito!"

---

Meu coração está cheio de alegria.

"Estou empolgada, eufórica!"

Busco a minha respiração e meu corpo, para sentir o momento do autoconhecimento e não o da minha lembrança.

Ouço a voz no gravador:

— Estamos quase no fim do processo, Mari. Como você se sente?

"Feliz!"

Ela continua:

— Você vai ser uma pessoa muito mais forte quando terminar esse processo. Você se lembra por que está aqui hoje?

"Uau! Lembro."

E sigo viagem.

# MOMENTO REFLEXIVO

Você se sente grato(a)?

Compreende como é a sensação da gratidão?

É importante compreender que a gratidão é algo que começa dentro de nós e contagia nosso ser, depois nossos pensamentos, ações e reações.

Não é algo externo, que vem de outra pessoa ou situação, mas uma mudança de percepção que afeta todo o externo, trazendo ressignificação, devido a uma nova forma de se encarar os fatos da vida.

**Agora, responda: você é uma pessoa grata de verdade?**
_____
_____
_____

**Se sua resposta foi sim, excelente. Se a sua resposta foi negativa, descreva a seguir: o que falta para você se sentir grato(a)?**
_____
_____
_____

Você sente que possui gratidão pela vida que lhe foi presenteada pelos seus pais?

_____

_____

_____

E pelos seus avós e toda a sua ancestralidade? Você reconhece gratidão por eles dentro de si? É muito importante que essa gratidão exista em você, caso contrário, faça-a nascer agora mesmo!

_____

_____

_____

Pense sobre tudo o que você tem na vida e as experiências que viveu, e descreva a seguir tudo pelo que pode começar a ser grato neste instante.

Trabalhe para que cada motivo de gratidão se torne cada vez mais forte em você. Isso fará com que você receba mais daquilo pelo que está agradecendo.

Ainda que em silêncio.

O poder da gratidão é interno!

E poderoso!

_____

_____

## Os 5 fundamentos de reencontro com seu EU

_____
_____
_____
_____
_____
_____
_____
_____

# CONCLUSÃO SOBRE A GRATIDÃO

Se você chegou até aqui na prática, já deve ter percebido algo diferente dentro de si. Tudo fica mais leve, começando pelos pensamentos. Se antes você se ressentia por pagar uma conta ou um boleto, agora você se sente grato por poder honrar seus compromissos financeiros e por ter dinheiro para pagar por algo que quis, que escolheu comprar.

É como se nossas percepções mudassem de forma, tamanho e cor. A gratidão é como o arco-íris no céu, que só aparece depois da chuva e fica ali, enfeitando todo o planeta como um presente de Deus, nos lembrando o quanto a vida é simples e passageira. O agradecimento que se forma dentro da gente é o arco-íris que chega depois do perdão, do autoperdão, do amor e do amor-próprio.

Tem gente que olha para uma árvore e pensa na quantidade de folhas que vão cair e sujar o chão, enquanto outras admiram sua beleza. Da mesma forma, algumas pessoas veem na chuva um motivo para ficarem emburradas em casa, se sentindo presas e lamentando o clima, enquanto outras agradecem a água que alimenta as plantas, os animais e toda a vida em si mesma.

Há quem veja num bichinho de estimação apenas o trabalho que ele vai dar com comida, sujeira e gastos com veterinários, enquanto outras vão focar no carinho e na alegria que eles trazem no dia a dia, aliviando os pesos da vida.

De que lado você está? Você consegue perceber se já se tornou uma pessoa grata?

É muito fácil perceber quem são as pessoas gratas e quem não é, mas antes de apontarmos o dedo para os demais, devemos olhar a nós mesmos: eu já aprendi a sentir gratidão em vez de lamentação?

Se a resposta for negativa, agora você já conhece o passo a passo para chegar a esse estado de maturidade abundante e feliz que é a gratidão.

Tudo começa pelo perdão, passa pelo autoperdão e segue para o amor e o amor-próprio. Só depois o arco-íris aparece!

Aceite a chuva primeiro, lave sua alma, sua vida, sua mente e coração!

A gratidão é consequência!

Você pode brincar durante o seu processo, adquirindo ainda mais conhecimento sobre gestão da criatividade, motivação e *gamification*. Se assim decidir, leia o livro *MindSer – A mentoria definitiva em 7 passos de quem já é sucesso para um sucesso surpreendentemente maior!*

# Capítulo 5
# A LIBERTAÇÃO

"A escravidão é o estado natural do gênero humano, até que se realiza a libertação."

Xavier de Maistre

Qual o caminho final após o perdão, o autoperdão, o amor na fonte, a aquisição do verdadeiro amor-próprio e a gratidão?

Esse caminho percorrido nos leva à cura de nossos traumas, dores e sofrimentos. Ele não muda o que aconteceu, mas a forma como enxergamos os acontecimentos e o que carregamos sobre eles.

O que antes era dor vira lição, aprendizado. O sofrimento é visto como fortalecimento, assim como os traumas são agora interpretados como uma história que ocorreu para transformar uma característica nossa em algo melhor.

Nasce um novo olhar e uma percepção mais profunda, depois que percorremos esse caminho.

Se o perdão nos tira o peso das mágoas e da raiva, o autoperdão nos liberta da culpa. O amor que recebemos da fonte, que são nossos pais, permite que todo amor em nossa vida flua, bem como a prosperidade e todo e qualquer projeto onde colocamos nossas intenções. O amor-próprio nos liberta da necessidade de sermos amados por outras pessoas, nos apresentando a verdadeira autoestima. E a gratidão nos presenteia com a leveza de uma vida onde tudo flui.

## Os 5 fundamentos de reencontro com seu EU

A soma de todos esses processos chega à libertação, ao ponto em que não carregamos mais dores, medos e sofrimentos desnecessários. Esse processo não ocorre da noite para o dia, pois são muitas as transformações que, em seu percorrer, nos ensinam a resiliência, a aceitação, o não julgamento, a compreensão, a amorosidade e tanto mais, nos causando a mais significativa mudança de nosso ser.

Imagine acordar um dia e olhar para dentro de si mesmo(a) e não ver mais nada negativo impregnado em você? Isso é possível! Não mudamos nosso passado, mas ressignificamos o que ele foi e mudamos o que sentimos em relação a ele: a vida fica leve.

Então, você se prepara para viver o dia, sabendo que coisas ruins podem acontecer, mas sabe que tudo está fora de você e não mais dentro, não ressoa com nada em seu interior.

Se você vai ao trabalho e o trânsito está congestionado ou se alguém tenta ofendê-lo no meio do caminho, você tem o entendimento de aquilo que não lhe pertence. Pode até ficar chateado ou irritado, mas só por um instante, porque nada mais fica em você, que não seja uma escolha consciente.

Isso é libertação: nos tornamos donos de nós mesmos, do que somos, do que sentimos, pensamos e fazemos. A admirada coerência entre o que se é, o que se fala e o que se faz. O sublime da vida que pertence a quem percorreu o caminho de autoconhecimento e autodesenvolvimento.

Na infância, somos cuidados por outros que, em algum momento, irão servir, em nossa percepção, para certamente trabalharmos mais tarde, no caminho da evolução e maturidade da vida.

## Lucy Mari Tabuti

Este é o objetivo da existência: nascemos de pessoas que não conhecemos e crescemos num meio, nos tornando parte dele, para sempre. Nesta loteria da vida, trabalharemos, na vida adulta, tudo o que nos foi feito, para moldarmos a nós mesmos em algo melhor, dia após dia, até o fim, num ciclo ininterrupto.

A dádiva da vida não é apenas nascer, crescer e morrer o mais velho possível, mas o trabalhar a si mesmo, na certeza da infinitude do próprio existir. Na fé de que aqui, ou em qualquer outro lugar, sempre colheremos os frutos do que somos. Crescemos com cada experiência e sempre nos tornamos versões melhores de nós mesmos!

Quantos de você existiram até hoje? E quantos mais ainda vão existir? Este é o sentido da vida. O renascimento de nós mesmos a cada experiência que se vive, sempre com perdão, amor e gratidão!

É assim que deve ser!

Presenteie-se, realize uma atividade de tratamento para a libertação após a leitura integral desta obra. São atividades que se atualizam com o tempo.

PRESENTE PARA VOCÊ!

Eu ainda estou no sofá do escritório da minha casa.

"Quanto tempo se passou?"

Tento calcular o tempo pelos momentos que revivi durante esse processo, mas, no fundo, eu sei que o tempo não é o mesmo entre o que se vive e o que se revive dentro da gente.

Suspiro devagar.

"Se pensar bem, a gente não revive o que está dentro da gente a vida toda?"

A voz no gravador fala comigo:

— Lembra por que você está aqui, Mari?

Falo bem baixinho:

— Sim.

— Pois agora, você está forte, apta a resolver a sua questão de uma vez por todas, com coragem, sabedoria e a amorosidade necessária. Você sente que está pronta, Mari?

Respondo no mesmo tom:

— Sim.

Sinto minha respiração. E a voz continua:

— Muito bem, Mari, agora você volta a sentir seu corpo. Sinta seus braços, suas pernas, seus pés, suas mãos, suas costas, seu pescoço e seu rosto. Está sentindo?

"Sim!"

— Depois desse processo incrível, você está se sentido forte e apta para sair daqui e fazer o que escolheu fazer no dia de hoje. Eu vou contar até cinco e você vai voltar devagar.

"Sim! Eu irei fazer isso!"

Ela prossegue:

— Um. Sinta seus olhos leves, quase se abrindo; sinta suas mãos, seus dedos das mãos e dos pés. Dois. Movimente a cabeça para os lados e perceba que você está pronta para finalizar nosso processo, dizendo em voz alta para si mesma: "Eu assumo a minha vida!" Três, você está leve e cada vez mais desperta, se sentindo forte e corajosa, exatamente como você escolheu que sentiria, dizendo em voz alta para si mesma: "Eu tenho o controle da minha vida!" Quatro, sinta o quanto você brilha no palco da sua vida, dizendo em volta alta: "Eu brilho no palco da minha vida!" Cinco, abra seus olhos, no seu tempo, respirando profundamente e sentindo a profunda transformação dentro de você!

"Sim, eu sinto que estou muito bem. Forte, leve e feliz!"

Ela fala um pouco mais:

— Pronto, Mari. Quando você quiser, sinta a gratidão por tudo que reviveu e pela força que recebeu para enfrentar o que quer que seja na sua vida. Você percebe que está mais forte agora?

— Sim!

A voz finaliza, ao mesmo tempo que já seguro o celular e fico olhando a tela do gravador, bem no finalzinho:

— Obrigada por confiar em mim, Mari! Parabéns!

Fecho o aplicativo.

Suspiro, aliviada.

"Sempre fui eu por mim mesma!"

Abro um leve sorriso e me levanto.

Olho o relógio:

— Uau, só se passaram pouco mais de duas horas.

"Não acredito. Parece que foi uma vida!"

---

Eu estou dentro do carro, a caminho da casa da minha mãe.

"Obrigada pelo processo, obrigada por esse conhecimento que me transformou e que tem me permitido ajudar tantas pessoas."

Olho a tela do celular, preso ao painel do carro, e percebo que ela já visualizou a minha mensagem.

Falo suspirando:

— Ai, ai, hoje finalmente eu tomei a coragem de que precisava, depois de tantas situações que deixei passar.

"Dores acumuladas de uma vida toda."

Penso na alegria que a minha ONG me traz, em quantas pessoas tenho ajudado a aprender e a ensinar e, tantas vezes, com o uso do método MindSer de reeducação da mente.

Chega uma mensagem no celular:

— Ok. Pode vir. Estou aqui.

Aperto o *play* do rádio e sigo dirigindo, ouvindo uma música que me agrada.

"De hoje, não passa. E depois disso, nunca mais!"

Eu estou sentada na mesa da copa, na casa da minha mãe.

Estamos só eu e ela.

"Isso facilita as coisas para mim!"

Respiro profundamente, sentindo meu coração e respiração acelerados.

"Você finalmente criou coragem, Mari!"

— Isso porque eu já tenho quarenta e cinco anos. Imagina? – falo sem querer e balanço a cabeça para os lados.

Minha mãe se senta na minha frente com uma xícara de café e pergunta:

— E então, o que você quer falar comigo?

Encho o peito e começo, movendo o queixo para baixo e para cima:

— Mãedinha, o que aconteceu foi o ponto-final para mim no que diz respeito à sua relação comigo e com meus filhos.

Ela dá de ombros e parece não entender:

— O que aconteceu?

Respondo devagar, ponderando cada palavra:

— Você tem noção do que fez com meu filho?

Ela olha para cima, tentando lembrar, e chacoalha a cabeça, em sinal de negação. Então, eu sigo a minha explicação:

— Sabe, Mãedinha. Durante toda a minha vida você me tratou diferente das minhas irmãs.

Ela apenas me olha, sem dizer uma palavra.

"Assim fica mais fácil. Eu acho!"

Prossigo:

— E essa diferença no tratamento também se estende aos meus filhos. E eu quero que você entenda isso.

— O que você quer que eu entenda, Mari?

Respiro fundo, antes de responder:

— Eu não quero que você faça chantagem emocional com meus filhos, nunca mais nesta vida.

— Do que você está falando?

Ela toma um gole do café e fica atenta ao que tenho a dizer:

— Ontem, você estava no fundo da casa e se deu ao trabalho de andar até a mesa da cozinha, só para tirar um pedaço de frango do prato do meu filho.

— Porque eu fiz para o primo dele, não para ele.

— Aí é que está, Mãedinha. Para seus outros netos, você faz questão de cozinhar o que eles gostam. Para os meus filhos, não. Você obriga o Hideki a comer o que tem, independentemente de ele gostar ou não.

— Você sabe que, aqui, come-se o que tem, sem frescura, e precisa comer de tudo.

— Mãedinha, você fez carne de panela e berinjela... você sabe que meus filhos preferem o frango frito, Hideki não gosta de berinjela e você só fritou frango para seu outro neto. Obriga sempre as crianças a comerem o que tem, mesmo sem gostarem.

— Hum.

— Por que meus filhos são obrigados a comer algo de que não gostam e para o primo deles a Mãedinha cozinha algo da preferência dele? Por que não faz o mesmo para os meus filhos? Por que são meus?

Sinto um nó na garganta.

Silêncio.

Decido continuar:

— Ainda que você faça sem perceber, hoje eu estou aqui para conversar com a senhora e falar sobre tudo o que me incomoda, porque eu realmente espero que a gente possa mudar a relação que nós temos entre a gente e a que você tem com os meus filhos.

— Tá – ela responde, sem esboçar muita coisa.

Eu respiro profundamente e penso em tudo que gostaria de dizer. Apesar de parecerem coisas pequenas, são coisas que ao longo do tempo vão se tornando grandes, como uma bola de neve.

"É importante falar. Ao menos, vou tirar tudo isso de dentro de mim para sempre!"

— Sabe, mãe? Muitas vezes, eu venho aqui e vejo que meus filhos estão sozinhos, enquanto a Mãedinha está estudando com seus outros netos, os ajudando na escola.

— Mas o que isso tem de errado?

— Você faz com meus filhos o mesmo que fazia comigo. Quando eu era pequena, você nunca me ajudou nos trabalhos de escola, mas ajudava minhas irmãs. E agora isso se repete com os netos.

— Hum.

Penso em todo o processo que acabei de fazer pelo autoconhecimento e tento fazer um resumo:

— Mãe, eu fui a única filha que você cortou o cabelo Joãozinho, não se importando com o *bullying* que eu poderia sofrer na escola em seguida. E eu sofri, Mãedinha!

Ela abaixa o olhar para o café e eu não paro:

— Eu sou a única filha que não ganhou dinheiro quando se casou. Por que, Mãedinha?

Ela fica com o olhar firme no chão, não move um dedo sequer.

"Talvez isso seja bom para mim. Me ajuda a falar."

Então eu continuo:

— Eu fui a única filha a não tirar foto sozinha com a bebê recém-nascida da família, quando criança. A única filha para quem a senhora não lavava roupa e não deixava o jantar, na adolescência e na vida adulta.

— Hum.

Respiro, fazendo uma pausa e engulo seco.

Decido prosseguir:

— Eu estudei tanto, Mãedinha. Eu tentei tanto dar o meu melhor. Eu admirava a senhora, queria fazer tudo o que a senhora quisesse, por isso estudava muito, aprendia tudo que a Mãedinha queria: tricô, crochê, pintura. Mas a Mãedinha nunca percebeu nada disso.

Ela esboça pouca coisa e continua em silêncio.

"Acho que é um bom sinal. Isso me ajuda a pôr para fora tudo o que eu preciso."

Decido mudar o assunto:

— Você sabe que eu tenho uma ONG, Mãedinha?

Ela arregala os olhos:

— Uma ONG? Do quê? Por quê?

— Eu fundei uma ONG de Educação, que ajuda as pessoas a aprenderem melhor, de uma forma criativa e experiencial. Sabe por quê?

Ela balança a cabeça em sinal de negação.

— Porque eu tive muita dificuldade de aprender na infância e me sentia sozinha. Eu quis ajudar outras pessoas como eu a aprenderem com apoio e sem se sentirem excluídas.

— Excluída?

Assinto:

— Tão excluída que você nem sabe que eu tenho uma ONG.

Ela suspira. Eu continuo:

— É, mãe, eu sempre me senti excluída da família. Eu fazia de tudo para ficar sozinha com você, porque era só assim que eu conseguia sua atenção.

— Eu não me lembro disso.

— Pois eu, infelizmente, me lembro bem. Você sabe que eu tive uma loja de chocolates famosa?

Ela apenas balança a cabeça para os lados, mas seu silêncio está me ajudando a falar.

— Pois é, mãe. Você sabe que eu sou também uma profissional de psicoterapia com um método único e muito reconhecida no que faço?

— Eu não tenho tempo para saber de tudo isso.

— Mas eu sou sua filha, Mãedinha.

Solto o ar e faço uma pausa, antes de voltar a falar:

— Você sempre fez tudo pela minha irmã mais velha e faz até hoje. E nada por mim. É dolorido isso. Eu entendo que nós fomos muito pobres e que talvez tenha sido difícil para você criar todas as suas filhas, mas eu sempre vivi à sombra das minhas irmãs. Você consegue imaginar como eu me senti a vida toda com você me excluindo, me criticando e fazendo o contrário para elas?

— Eu não acho que foi bem assim, não.

Movo a cabeça para cima e para baixo:

— Foi assim, sim, mãe. E até hoje é assim. Mas agora eu quero te pedir para mudar isso, especialmente com meus filhos, que não têm culpa dessa distinção que você faz entre suas filhas. Você pode, por favor, tratá-los da mesma forma que trata os filhos das minhas irmãs?

— Vamos ver, isso depende do comportamento deles, da educação que eles recebem.

"Ela não pede desculpas, mas sinto sua boa vontade em me escutar!"

Eu continuo falando e menciono mais alguns traumas de infância que revivi e ressignifiquei com a ajuda da técnica de autoterapia do conhecimento; ela escuta tudo, sem dizer muita coisa. E isso é o bastante para mim.

— A partir de hoje, eu não quero mais que meus filhos sejam maltratados ou diferenciados. Quando eles vierem aqui, eles vão comer o que quiserem. Caso contrário, eu não virei mais. Nem eles.

— Tudo bem. Eles decidem o que comem. Mas eles precisam de disciplina e educação. Nem tudo é como eles querem na vida.

"Não acredito! Que incrível!"

— Obrigada por me escutar.

"Foi a melhor conversa da minha vida que tive com a Mãedinha!"

Percebo minha alma mudar neste momento.

---

Alguns dias se passam e eu estou indo buscar meu pai para ir à chácara comigo e com meus filhos.

Estaciono em frente à casa dos meus pais e os vejo se aproximando.

Akira desce do carro para cumprimentar minha mãe, que se assusta com seu cabelo comprido:

— E esse cabelo, Akira? Tem que cortar.

Eu imediatamente fecho a cara.

"Não acredito que ela vai criticar o cabelo dele!"

Mas ela percebe e rapidamente abraça o meu filho:

— Você está lindo, Akira, você é lindo, inteligente. Está grande.

"Eu nunca vi minha mãe abraçar ninguém, desse jeito, na vida."

Olho para ela e sorrio.

"Ela está abraçando meu filho?"

Sorrio de orelha a orelha.

"Que momento único e inesperado. Obrigada, Mãedinha!"

Olho para ela, sem dizer uma palavra, mas sei que ela percebe a minha gratidão.

---

Estamos na chácara, eu, meu pai e meus filhos.

Estamos jogando baralho, conversando e rindo muito.

"Como o Paidinho fica diferente longe da Mãedinha!"

Agora eu compreendo que ele tinha alegria, sim, mas não se sentia livre para expressá-la dentro de casa.

— E então, Paidinho? Pescou bastante peixe no rancho semana passada?

Meu filho mais velho dá um tapinha no ombro do Di, que é avô em japonês.

— Só pegou peixe pequenino, né, Di!

Meu filho mais novo põe lenha na fogueira:

— Acho que só pegou piranha, Di.

Eu rio e bebo um gole de água fresca e natural.

Fico assistindo à interação entre eles e pensando na amizade linda que construímos nos dias de hoje.

"O quanto a maturidade, o perdão e a aceitação mudaram minha maneira de enxergar meus pais."

Falo, baixinho:

— Obrigada, meu Deus!

"É tanta felicidade! Meu trabalho é maravilhoso, minha família, tudo!"

## Lucy Mari Tabuti

︽︽︽︽︽︽︽︽︽︽︽︽︽︽︽︽︽︽︽

Eu estou na Bienal do Livro em São Paulo, ainda do lado de fora, após uma corrida de trânsito maluca, para conseguir chegar a tempo.

— Eu vou conseguir! Eu vou conseguir!

Entro na fila para o pessoal da Educação, mesmo não tendo credencial, e consigo passar mais rapidamente para o lado de dentro.

"Ufa! Que correria, meu Deus!"

Corro até o lugar onde ele está, agora do lado de dentro.

— Eu vou conseguir! Eu vou conseguir! "Ligeirinha versão 5!"

Vejo-me dando risada de mim mesma e continuo correndo.

Meu coração está acelerado e minha respiração, ofegante.

"Não importa!"

Vejo o palco e corro ainda mais rápido para chegar a tempo de falar com ele.

"Eu vou conseguir!"

︽︽︽︽︽︽︽︽︽︽︽︽︽︽︽︽︽︽︽

Eu estou perto do palco, na parte lateral, onde fica o pessoal da imprensa.

Estou com meu câmera e meu assessor de imprensa para registrar o momento.

"Eu vou conseguir! Eu sei que eu vou!"

Vejo uma portinha atrás do palco, onde ele está dando autógrafos, e falo para o meu assessor:

— Vai lá! Entra lá como jornalista e depois me põe lá dentro!

Ele me olha descrente, mas segue minha orientação.

Falo bem alto:

— Você vai conseguir! E depois me chama! Não esquece!

Fico observando-o entrar.

"Ele conseguiu! Ele conseguiu!"

Tem uma fila enorme de gente lá dentro para pegar autógrafos com ele.

"Eu vou conseguir falar com ele. Eu vou!"

Meu sócio está do lado de fora e me avisa quando ele começa a descer do palco.

"É agora ou nunca!"

Eu saio correndo para o lugar por onde ele vai ter que passar para sair. Corro, me posiciono e estendo a mão:

— Boa tarde, professor Cortella, eu sou a Mari, fundadora do Instituto Criativo, eu vim aqui para pegar uma entrevista sua.

— Tá bom – ele responde.

"Não acredito. Eu consegui!"

Ele passa por mim e eu fico desesperada, porque não tenho seus livros para pedir autógrafo e, sem eles, fico sem motivo para entrar na fila, onde meu assessor conseguiu entrar.

"E agora? Não importa! Eu vou conseguir!"

Meu coração bate disparado no peito.

## Lucy Mari Tabuti

Mando mensagem para o meu sócio me trazer alguns de seus livros que estão sendo lançados nessa bienal do livro.

Eu entro no local junto ao meu assessor e furo a fila.

Observo todas as pessoas da fila com pulseira no braço. Olho para o meu pulso:

— Ai, meu Deus!

"Eu não tenho pulseira. Vão me tirar da fila!"

Verifico como estão fazendo a chegada das pessoas até ele.

"Sobem de cinco em cinco pessoas. E agora? Como eu faço?"

Meu sócio chega correndo e me entrega alguns livros.

— Obrigada, obrigada, obrigada!

Ele sai, cruzando os dedos das mãos e diz:

— Boa sorte, Mari!

"Eu vou conseguir!"

Finalmente chega a minha vez de subir ao palco.

Uma menina da organização do palco se aproxima de mim e pergunta:

— Cadê sua pulseira?

Finjo que nem ouvi:

— Eu vim aqui pegar o autógrafo do Mario Sergio Cortella – e levanto os livros na altura do meu rosto.

Ela questiona:

— Você é do Instituto Criativo, né?

Balanço a cabeça com veemência, sorrindo:

— Isso!

Ela me deixa passar!

Eu grito por dentro:

"Eu consegui! Eu consegui!"

Caminho rapidamente e chego finalmente até ele!

"Eu consegui!"

Aproximo-me, mais uma vez, do Cortella e entrego os livros para ele autografar para as crianças. Ele me olha e comenta:

— Você é a moça do Instituto Criativo, né?

— Sim, eu vim aqui pegar uma entrevista com você, sobre educação criativa. Fico até o final e espero até que possa falar comigo.

Ele me olha e faz sinal de negação:

— Não vai dar tempo, tenho outro compromisso na rádio CBN, assim que terminar aqui.

"Cheguei até aqui, então eu vou ter essa entrevista!"

— Não tem problema! Eu vou com você no carro e pego sua entrevista durante o caminho para a CBN.

"Acho que ele percebeu que não vou sair dali sem a entrevista dele."

Foi neste momento que o percebi abrir seu paletó e retirar um cartão de visitas preto.

— Eu te dou o meu cartão e agendamos a entrevista para outro dia em meu escritório, tá bom?

Eu sinto meu rosto suando e agradeço, já pegando seu cartão:

— Muito obrigada, Cortella. Você não imagina a honra que é para mim falar com você. Obrigada!

— De nada! Me liga! Você vai ter a sua entrevista, não se preocupe!

"Que simpático!"

Pego os livros devidamente autografados e saio.

Cansada, empolgada e feliz!

— Eu consegui!

---

Eu estou com o Michael Arruda para mais uma sessão de tratamento de hipnoterapia e de *networking* de negócios.

— Como você está hoje, Mari?

— Feliz. Minha entrevista com o Cortella foi um sucesso.

Ele ri:

— Eu vi na internet. Parabéns!

Agradeço com a cabeça e me sento no sofá.

Ele volta a me parabenizar:

— Parabéns por defender a tese do seu doutorado também. Você foi muito bem, Mari!

— Obrigada! Por causa da pandemia, ganhei mais um ano para finalizar, mas nem precisei.

"Ligeirinha como sempre!"

Ele muda o assunto:

— Como está sendo para você fazer hipnoterapia a cada seis meses?

— Estou gostando, e também gosto de fazer com profissionais diferentes a cada semestre. É uma experiência incrível poder observar como meus colegas trabalham de forma diferente, eu aprendo com isso.

— Muito bom esse seu ponto de vista. Um experimento prático.

— Sim. E isso traz coerência para o meu trabalho, para quem sou e para aquilo que ofereço aos meus clientes.

Ele balança a cabeça, concordando, e faz sinal para que eu continue falando. Prossigo:

— A hipnoterapia mudou a minha vida, a forma como compreendia meu passado, minha família, minhas relações. Tudo mudou.

— É isso, Mari. É isso que a hipnoterapia faz. Nos transforma. E todo o exterior muda.

Respiro fundo e me sinto bem confortável no sofá.

Ele sorri para mim:

— Prosperidade, Mari?

— Prosperidade, propósito e legado, Michael!

"O tema que escolhi para esta sessão!"

— Vamos começar?

— Bora!

Rimos.

Fecho os olhos e aguardo suas orientações.

— Respire fundo, Mari. E solte o ar devagar. Sinta seu corpo cada vez mais relaxado.

Foco minha atenção na sua voz e na minha respiração.

"Já conheço o processo muito bem!"

Sigo, com absoluta gratidão e confiança.

O tempo passa e chego de helicóptero à pousada, pensando na sessão que fiz com o Arruda e no *networking* de negócios.

Suspiro.

"O melhor investimento que fiz na vida!"

Estou com o meu namorado, curtindo um fim de semana incrível.

— Que frio, amor! – ele me beija e me abraça.

— Você viu esse último projeto social que elaborei na ONG?

— Eu vi e gostaria de participar.

Eu movo todo o rosto, boquiaberta e sorrindo:

— É o que eu mais quero, que você participe da minha vida!

Ele ri:

— Você é demais, Mari!

Beijamo-nos e eu me ajeito no sofá, em frente à lareira da sala:

— Você sabe que meu carro-chefe são os projetos educacionais, né?

— Sim, eu sei, mas e o robô terapeuta emocional com inteligência artificial, que vamos desenvolver juntos?

— Pode ser que venha a ser o carro-chefe um dia, vamos ver!

Ele toca meu pescoço:

— É aqui que você tinha o nódulo sólido, na tireoide?

Assinto.

Ele balança a cabeça para os lados, desacreditado:

— E você se curou com seu método de autoterapia do conhecimento de si, Mari?

Respondo, rindo:

— Sim. Eu sei que é difícil acreditar, mas o poder de ressignificar as causas emocionais pela raiz é algo imensurável, meu amor!

— Eu vou deixar você me conduzir pelo seu método terapêutico um dia.

— Não tem que ter medo.

— Meu medo é me apaixonar ainda mais por você.

"Que lindo!"

Beijo seu rosto e brindo com minha taça de vinho, encostando levemente na dele:

— Um brinde a nós!

Ele faz o mesmo:

— Um brinde a nós!

Olho o fogo na lareira e sinto queimar por dentro a alegria da vida que me habita.

"Obrigada, meu Deus! Obrigada por tudo o que tenho, por tudo o que vivi e tudo o que sou!"

# CONCLUSÃO

Quem ler a minha história poderá até pensar que eu tenho algum problema com a minha família, mas estará tremendamente enganado. Eu amo a minha família, a respeito, admiro e a levo comigo sempre. Reverencio-a e a agradeço! E isso jamais mudará!

Contar a minha trajetória de vida e mostrar as dores que carreguei durante anos são a maior prova do quanto eu superei tudo o que acreditava ter sido um sofrimento. Até o momento da minha percepção, antes de me tornar uma psicoterapeuta, poderia sim ser uma história de traumas, mas todo o conhecimento que adquiri depois me permitiu ressignificar tudo o que tinha vivido e enxergar a mim mesma de outra maneira.

Todo indivíduo, ao contar a própria história, apresentará momentos de dor e algum tipo de dificuldade com seus pais, na escola, na trajetória profissional ou emocional, com filhos, relacionamentos etc. Isso é inerente ao ser humano, ninguém escapa. O que muda e transforma é chegar à vida adulta e trabalhar a maturidade e a consciência de enxergar as próprias experiências com inteligência emocional: resiliência, aceitação, não julgamento, respeito, perdão, amor e gratidão.

A minha mãe me amou do jeito dela, como pôde, como aprendeu com seus pais. Assim como meu pai. Ambos me deram o melhor que tinham para dar e agora eu entendo que tudo o que vivi foi exatamente o que me permitiu ser quem eu sou hoje.

Se por um lado eu me senti excluída na família, foi esse sentimento que me fez buscar aceitação e reconhecimento incansavelmente, me levando a um lugar muito maior na sociedade, do que se eu tivesse me sentido aceita a vida inteira.

Os possíveis traços de narcisismo por parte da minha mãe me fizeram querer ir além e, em busca do amor dela, acabei encontrando o meu. Além de todo conhecimento que tive que encontrar para isso. Foi um longo e árduo caminho, mas que me levou a um final de sucesso, prosperidade, felicidade e uma leveza incrível de se viver livre.

Ninguém se torna grande sem antes ser provado para isso. Quem tem uma vida fácil e nunca sai da zona de conforto, lá permanece.

Eu não tinha uma zona de conforto, me senti desconfortável quase a vida inteira. E hoje tenho gratidão por cada instante em que me senti assim, pois, com isso, descobri um lugar agradável e mais significativo, que vai além do amor da minha família e da aceitação deles por mim, mas da minha pessoa, da sociedade e de qualquer situação que se apresente para mim.

O processo terapêutico, que ressignifica as causas de nossas raízes emocionais, me trouxe a libertação de ser quem eu sou e de não depender de aprovação alheia para ser feliz. Aprendi a me amar, após me perdoar pelas escolhas que eu mesma fiz na vida, por tudo o que antes considerava um erro no meu passado ou em mim mesma.

Deixei de buscar culpados pelos meus sofrimentos e de me colocar na posição de vítima para assumir a minha própria vida e entender como conduzi-la com respeito a mim e aos meus valores.

Além de me propiciar um caminho de cura, também me trouxe prosperidade e realização em todas as áreas da minha vida, me permitindo propagar um propósito e deixando um legado nas pessoas.

O caminho do aprendizado não foi algo fácil; apesar de ser simples, creio que justamente por isso eu sempre me esforcei. E tem sido uma dádiva promover uma aprendizagem mais fácil para inúmeras pessoas, por meio de todo o conhecimento que adquiri em minha trajetória de vida. Seja com a matemática, com o empreendedorismo, a psicoterapia, engenharia ou a própria educação, tudo me serve para servir a quem precisa.

Esse é o sentido da vida: evoluir!

E depois: compartilhar!

Seja você quem for, independentemente da idade, de suas crenças e profissão, saiba que a psicoterapia que ressignifica a raiz das causas emocionais é um caminho apenas de bons frutos. Ele cura, alimenta e transforma. É uma oportunidade incrível de autoconhecimento e autodesenvolvimento.

Se você já se sente uma pessoa curada, ainda assim o método é um processo prazeroso, no qual você ajuda a transformar outras vidas!

Espero ter tocado você com a minha história! Não busco fama ou reconhecimento, mas servir de inspiração para que outras pessoas se sintam motivadas a buscar mais. Mais delas mesmas! Mais do próprio mundo! Mais da própria vida!

Com perdão, autoperdão, amor, amor-próprio, gratidão e libertação! Contagiando os demais com o conhecimento que leva cada um de nós à cura e, quiçá, um dia, o mundo, a um lugar de amor, paz e acolhimento!

Muito obrigada!

# MOMENTO REFLEXIVO

Você se sente liberto(a)? Pleno(a)? Próspero(a)? Feliz?

O caminho de quem percorre o meu processo de MindSer Terapia é justamente este, exatamente como eu descrevi, que vivi a minha história!

Convido você a fazer este caminho na busca de si mesmo(a), das suas curas, transformações e felicidade. Quem cura si mesmo(a) pode curar outras pessoas!

A plenitude de quem alcança a paz interior é proporcional ao que ela se torna capaz de fazer ao seu meio e aos demais.

A gente não dá o que não tem. E se eu me sinto pleno(a), sinto a alegria de proporcionar a direção deste caminho a quem quer que seja.

Este é o sentido da vida!

E então? Você já encontrou a sua libertação?

Se sim, escreva um pequeno texto de gratidão por tudo que alcançou na sua vida e de como tudo isso ainda pode melhorar e ajudar outras pessoas a se transformarem também em algo melhor do que já foram um dia.

Se a resposta for não, escreva um texto sobre tudo o que gostaria de transformar. E se abra para isso, utilizando o caminho da MindSer Terapia ou outro, que considerar mais adequado, mas não pare, não desista de você.

Os 5 fundamentos de reencontro com seu EU

Não importa quantas vezes disseram o contrário ou algo negativo sobre você, sempre é tempo de mudar, de transformar, de renascer!

_____
_____
_____
_____
_____
_____
_____
_____
_____
_____
_____
_____
_____
_____
_____
_____

# DEPOIMENTOS

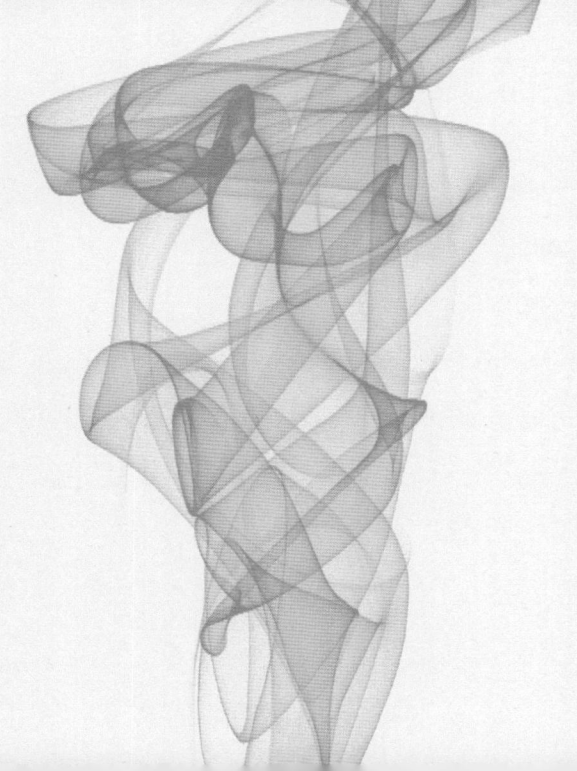

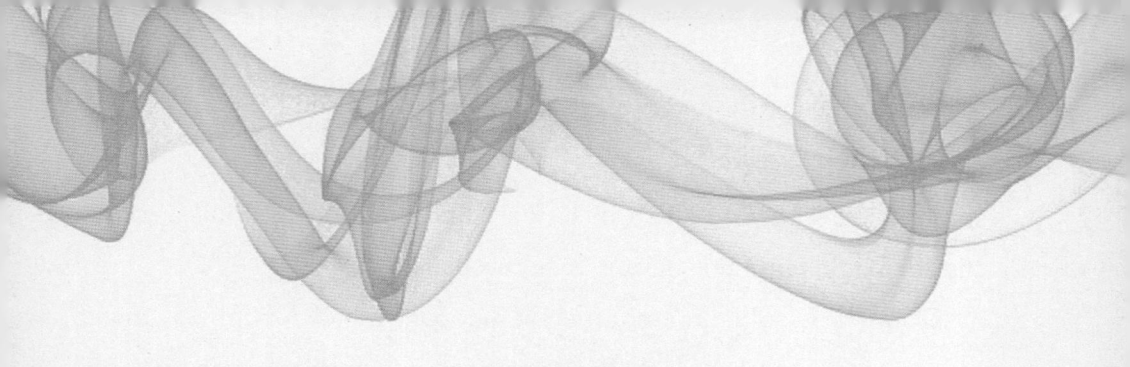

# Gabi

"Pense bem, Gabi, a mesma oportunidade não bate duas vezes na mesma porta!"

Respiro fundo, fecho os olhos por alguns segundos e tomo uma decisão!

— Sim, pode marcar a entrevista no Itaú!

A pessoa do outro lado da linha acerta dia e horário, quando eu tento matar a minha curiosidade:

— Como vocês me acharam?

— Pelo LinkedIn!

"Hum... Bingo!"

Desligo o telefone e ainda ouço ecoando em minha cabeça: "A mesma oportunidade não bate duas vezes na mesma porta".

Assim como a profissional e mentora Lucy Mari se tornou uma amiga para a vida, a frase que ela me disse vem me acompanhando desde então.

Eu sou a Marília Gabriela Soares, tenho trinta e oito anos e sou mãe de dois meninos: um de dezesseis e outro de doze, mas essa história começa dois anos antes disso, quando eu ainda era uma telefonista concursada na prefeitura da cidade de Sorocaba.

Como mãe solo, morando de aluguel com meus dois filhos, uma suposta estabilidade no trabalho me mantinha estagnada, sem que eu percebesse o fato de modo consciente. Eu ganhava pouco e ficava quatro horas no trânsito todos os dias para poder trabalhar.

"Como essa situação poderia parecer boa aos meus olhos?"

Felizmente, meu inconsciente começou a falar através do incômodo, porque no fundo eu sabia que queria algo mais, só não sabia exatamente o que, nem como ou onde, mas sabia quando: para ontem!

Então, refletindo sobre meus anseios, naquela época eu me questionava:

— Bem, eu trabalho só seis horas por dia, acho que posso voltar a estudar, não? Mas meus filhos são pequenos ainda, o que eu faço?

Muitas vezes, me peguei falando comigo mesma e a ideia ficou martelando na minha mente, até que descobri uma universidade virtual, o que favoreceu a minha decisão. Apesar de ter demorado para escolher a área que ia estudar, acredito que fiz a escolha certa: Engenharia!

Eu já era formada em Direito, mas nunca exerci a profissão. De algum modo, eu sabia que aquele não era um caminho para mim. E agora estava prestes a mudar radicalmente de área.

Logo no início do curso, tive a ideia de criar um site para ajudar outras mulheres na minha situação a se desenvolverem na área universitária e profissional. A universidade me apoiou, me permitindo o espaço em seu site e o uso do nome da instituição. Além do site, criamos um grupo de conversa em aplicativo, que permitiu a união de várias estudantes e profissionais para trocarem informações constantemente sobre vagas de trabalho e cursos. Acho que, de alguma forma, a minha boa intenção em ajudar outras pessoas retornou para mim, um tempo depois!

No ano de 2020, eu comecei a pensar em estagiar na minha nova área, já que havia um estágio obrigatório para a conclusão do curso. Mediante essa ideia, alguém que se tornou um mentor na minha vida, o professor Rodolfo, me falou sobre um evento chamado Escola de Verão, ou *Summer School*, que acontecia todos os anos na Unicamp, para os alunos de Programação.

"Mas eu? Com alunos das melhores universidades da América Latina?"

Mesmo acreditando que estaria num nível inferior aos demais, decidi que iria e aproveitaria o máximo que conseguisse. Seriam quatorze dias e eu fui convidada a ficar numa república de mulheres.

Fui! Porém, a diferença dos níveis de conhecimento começou a ficar demais para mim. As questões dos exercícios e provas que fazíamos eram todas em inglês, assim como a programação que tínhamos de fazer. Comecei a ficar mentalmente cansada e desanimada, além de sentir falta dos meus filhos. Decidi que iria embora três dias antes do fim do evento, quando um milagre invisível aconteceu, um daqueles eventos que parecem surgir do nada e mudam a vida da gente.

Quase no mesmo momento da minha decisão, a professora Mari mandou uma mensagem no grupo das estudantes em que eu estava e nos fez o convite para conversar com a gente sobre desenvolvimento pessoal.

"Desenvolvimento pessoal?"

Eu não tinha muita noção do que era aquilo, mas fiquei atenta ao que ela oferecia: abertura de nossos caminhos como um todo, autoconfiança e autoestima, dentre outros.

— Será?

A Mari sugeriu um encontro com o nosso grupo.

"Encontro? Agora? Mas eu ia embora!"

Confusa sobre o que fazer, se ia embora ou ficava, a Mari registrou em minha mente a sua frase que nunca mais deixou de influenciar a minha vida: "Pense bem, as oportunidades não batem duas vezes na mesma porta!".

Falei para mim mesma:

— Ok, já estou aqui mesmo!

Lá fomos nós, cinco meninas, para uma conversa bem diferenciada e uma sessão de terapia coletiva MindSer. Foi uma bela surpresa. Todas choramos com a energia que a Mari trouxe para nós, de nós mesmas! E, particularmente, eu percebi que tinha potencial para destravar bloqueios e me desenvolver bem mais na vida pessoal e profissional.

Fim do evento, voltei para casa e para meus filhos, e um novo grupo se formou no aplicativo de conversa: eu, as meninas da Escola de Verão e a Mari!

Fizemos uma terapia de vinte e um dias, de modo virtual, quando, várias vezes, a Mari me mostrou o quanto o estudo é capaz de transformar a vida de uma pessoa, abrindo horizontes e permitindo que ela saia da caixinha. Eu enxerguei que realmente tinha bloqueios, porque dependia da minha mãe e do meu irmão para tomar qualquer decisão. Tudo passava por eles.

"Mas até que ponto isso estava certo ou errado?"

Por ter sido adotada e me sentir muito amada por eles, eu carregava um sentimento de gratidão tão grande que me fazia abrir mão de qualquer escolha sobre mim mesma; eu precisava da permissão deles para tudo, o que não me permitia um posicionamento firme perante a vida.

Minha mãe e irmão sempre foram minhas referências e se eles não aprovavam algo, para mim era como um sinal de que aquilo não era para mim. A intenção era boa, mas eu estava errada. Tratava-se de uma crença limitante que eu mesma criei na minha cabeça e, a partir de então, a Mari foi trabalhando isso em mim.

Por mais que eu tivesse gratidão e carinho pelas pessoas mais importantes da minha vida, compreendi que tinha o direito, quiçá o dever, de tomar decisões por mim. E pelos meus filhos!

No final do processo, a Mari me convidou para uma nova sessão de terapia MindSer, agora individual. Então marcamos um dia e eu fui pessoalmente até ela. A sessão foi maravilhosa, e foi quando eu descobri vários bloqueios. O impacto da terapia MindSer dessa vez foi bem maior.

Vi claramente que, depois de nove anos na prefeitura, eu estava numa posição de telefonista acomodada. Queria ter proporcionado melhor estudo para os meus filhos e não pude. E a grande verdade é que, mesmo cursando uma nova faculdade, eu me sentia sem perspectiva de que melhoraria quando me formasse, assim como foi com a primeira faculdade. Eu estava prestes a repetir um padrão de comportamento que também me limitava e estagnava.

Só que com a terapia MindSer e as orientações da Mari, tudo foi acontecendo naturalmente. Com o passar do tempo, eu percebi que fui me desbloqueando, sem esforço. Passei a ter confiança em mim mesma, especialmente na forma de dar uma opinião, de falar e, finalmente, de me posicionar.

Antes desse processo, minha mãe e meu irmão não confiavam em mim quando eu tinha a ideia de fazer algo novo. Eles sempre diziam:

— Ah, acho melhor você não fazer isso, não...

Depois desse processo, tudo mudou! Não porque eles mudaram, mas porque eu mudei! Entendi que a forma como eu me posicionava os influenciava para que eles tentassem me proteger o tempo todo, mas a transformação do meu posicionamento fez com que eles percebessem que eu não precisava mais daquilo.

Eu estava no terceiro ano da faculdade e, depois da terapia MindSer, comecei a procurar emprego e não mais um estágio! Aprendi a me preparar para as entrevistas, lia sobre a política da empresa, usava de *soft* e *hard skills*, sabia o que falar! Foram vários processos seletivos, um atrás do outro!

Em 2020, eu entrei numa multinacional, a Accenture, quando tive que escolher dentre três propostas de emprego. Foi a primeira vez que não pedi a opinião da minha mãe e do meu irmão, eu simplesmente os informei, dizendo:

— Vou pedir exoneração do cargo de telefonista e vou para outra empresa trabalhar na minha área!

Eles não souberam como reagir diante da minha nova versão, aceitaram! E eu celebrei a postura que conquistei!

Mais tarde, descobri que eles acharam que eu pudesse estar doida de trocar de profissão, mas o salário era o dobro do que eu ganhava, trabalharia em *home office* como desenvolvedora júnior, e um ano depois eu fui promovida para o cargo de desenvolvedora plena, com um aumento significativo de salário, então minha mãe e meu irmão finalmente compreenderam que eu estava trilhando o caminho certo, do qual eles passaram a se orgulhar bastante.

— Ela cresceu! – diziam um para o outro.

Tudo isso foi no final do ano passado, antes da ligação do Itaú.

Nesse ano, eu comprei a minha casa própria. Em janeiro do ano seguinte, eu começaria meu novo emprego, mais uma vez com relevância de cargo e salário!

Agora, eu entendo que, internamente, precisei sair das asas da minha mãe e do meu irmão para abrir meu caminho no mundo e na vida.

A Mari se tornou um ponto de equilíbrio, sinto que nos tornamos parceiras e eu sempre posso contar com ela quando passo por um momento de dúvida, é incrível como uma única pessoa pode mudar tanto a sua vida apenas com palavras, boas intenções e carinho.

## Os 5 fundamentos de reencontro com seu EU

Eu não vejo a Mari apenas como amiga e mentora, mas como um exemplo de vida, alguém que me inspira e me motiva a ser uma pessoa melhor todos os dias. Ela foi como um divisor de águas, tornando tudo melhor depois que entrou em meu caminho.

Em dois anos ela me ajudou a transformar a minha vida, de dentro para fora, me fazendo uma pessoa positiva, repetindo sempre:

— Se você acreditar, as coisas acontecem!

E descobri que acontecem mesmo! Eu adquiri autoestima e autoconfiança por tudo que vivenciei a partir dela. Vou me formar no final deste ano e pretendo fazer pós-graduação na área de desenvolvimento.

Sei que assim como a Mari é inspiração e exemplo para mim, eu também o sou para meus filhos. Meu filho mais velho já está estudando na minha área e se diverte trabalhando com *games*. Meu filho mais novo adora brincar e mexer com Arduino, uma plaquinha em que se faz automação.

Eu não tenho palavras para expressar a gratidão que sinto pela Mari, mas sei como retribuir para a vida: agindo de igual forma, sendo exemplo para outras pessoas, ajudando sempre a levantar, motivando e inspirando.

Hoje, sou eu que digo para as outras pessoas, sempre que posso motivá-las:

— Ei, uma mesma oportunidade não bate duas vezes na mesma porta!

Obrigada, Mari!

# Sabrina

Eu estou no trânsito, indo para o trabalho.

"Parece que aconteceu algum acidente lá na frente."

Suspiro, encostando a cabeça no banco do motorista e fecho os olhos por um instante.

— Faz mais de um ano, filha.

Abro os olhos:

— E ainda sinto você comigo!

Olho para os carros ao meu redor e tudo está parado.

Mando uma mensagem para a empresa, avisando que vou me atrasar para a reunião.

Rio e brinco comigo mesma:

— Se fosse há dois anos, já estaria em pânico, achando que seria demitida.

Balanço a cabeça e me sinto em paz.

Observo a irritação das pessoas, mas, como mérito adquirido, percebo que estou tranquila.

"Tudo que acontece tem de acontecer. É isso!"

Hoje, com trinta e sete anos de idade, sou capaz de olhar para trás e ver a transformação profunda em mim.

Quando todo esse processo começou, eu tinha uma autoestima tão baixa, medo e insegurança, que temia ser demitida constantemente de meus empregos. Sempre achava que algo errado iria acontecer. Quando comecei a me relacionar com meu marido, imaginava que iria perdê-lo a qualquer momento e sofria com isso.

Eu vivia uma tortura constante dentro da minha cabeça e não tinha capacidade de compreender os problemas que enfrentava: depressão, ansiedade, síndrome do pânico, dores de cabeça, insônia e muito mais.

Respiro fundo e solto.

— Não era fácil ser você, Sabrina!

Minhas queixas eram tantas que um dia me indicaram a hipnose, algo que eu receava, pela falsa imagem que temos dessa terapia através de shows na TV e coisas do tipo. Eu imaginava que se perdia a consciência durante o processo.

Foi quando eu conheci e conversei com a Mari, pela primeira vez. Gostei dela, mas demorei um pouco mais para me abrir para essa possibilidade, e foi uma das melhores decisões que tomei na vida. Existe um antes e um depois de quem eu sou desde esse início de processo.

Acredito que tudo tem um porquê, que só mais tarde compreendemos o motivo de termos vivenciado algo, termos conhecido alguém, perdido outra pessoa etc.

Quando fiz a primeira sessão de terapia MindSer com hipnoterapia, estava muito fragilizada, não tinha conhecimento dos traumas de infância e do quanto eles poderiam perdurar na vida adulta influenciando o que somos, de maneira inconsciente.

"Eu confesso que não sabia de nada disso."

E foi simplesmente incrível.

Apesar da dificuldade de enfrentar algumas dores, o nível de compreensão e maturidade que comecei a alcançar depois disso foi incrível. Eu percebi, por exemplo, que o fato de o meu pai sempre ter me comparado à minha irmã e às minhas primas como alguém inferior é o que me fazia uma adulta, profissional e mulher insegura, o que hoje já não sou mais.

Ouço algumas buzinas, me tirando da minha reflexão. Assinto e falo sozinha:

— É, Sabrina, você não é mais aquela...

"Graças a Deus!"

Esse processo não me fez enxergar apenas as fragilidades que vivi com meu pai e minha mãe, mas também a compreendê-los. Entendi que, quando adultos conscientes, a gente trabalha o que fizeram com a gente na infância, em vez de guardar memórias de forma inconsciente ou, pior, ficar se lamentando por elas, na posição de vítima.

Eu não me fazia de vítima, mas sofria a influência das dificuldades vividas de forma inconsciente. Por isso, as dores de cabeça, o medo de ser demitida e tanto mais.

Tudo passou. A cada sessão, eu fui me fortalecendo, mudei de emprego um tempo depois e tive a grata compreensão de que a gente atrai tudo o que pensa, vibra e emana. Antes, eu emanava medo e perdia um trabalho após o outro. Eu sempre tinha certeza de que isso ia acontecer. E então acontecia. Todo o processo com a Mari me fez aprender que mudando nossos pensamentos, tudo muda.

Hoje sou bem mais positiva, não tenho medo nem ansiedade. É claro que tenho momentos difíceis, afinal estou viva, mas a forma como lido com os obstáculos que enfrento me tornou madura e consciente. Creio que a palavra sabedoria define bem o momento mais dolorido pelo qual passei na vida.

Suspiro e estralo o pescoço:

— Sophie, Sophie.

Eu me casei com o namorado que morria de medo de perder. Amamo-nos muito e, quando eu engravidei, foi uma alegria para nós. Compramos tudo do que nossa filha iria precisar e sonhamos com sua chegada, mas, ao mesmo tempo, que descobri a gravidez, também sabia que o mioma que eu acompanhava há anos estava com dez centímetros em meu útero.

"Será que ia dar tudo certo?"

O medo foi menor, graças ao processo que já estava fazendo com a Mari, havia cerca de um ano. Felizmente, o nível de autoconhecimento que adquiri já tinha me tornado uma nova versão de mim mesma, porque eu iria precisar muito de tudo o que a terapia MindSer me fez enxergar e aprender. Ela me proporcionou uma nova percepção sobre a vida.

Minha filha nasceu aos seis meses e meio de gestação, quando o mioma rompeu a bolsa. Mas ela era tão pequenininha e seus pulmões ainda não tinham se desenvolvido o bastante para ela respirar.

Sinto meus olhos se encherem de lágrimas.

— Ai, ai...

Limpo meu rosto e fecho os olhos alguns segundos.

Foi quando cortaram o cordão umbilical que ela se foi, pois não tinha capacidade para respiração. Foi a maior dor do mundo para mim. A Mari foi ao hospital me oferecendo apoio e amorosidade quando eu mais precisei. A minha gratidão por ela não foi por essa visita, mas por tudo o que ela fez antes disso, que me preparou para essa dor. Sem ter passado pelo processo, não teria sobrevivido à partida da Sophie.

Foi o momento mais difícil da minha vida e do meu marido, mas passamos por isso juntos. Ainda temos todas as coisinhas dela guardadas. Sabemos que um irmãozinho irá chegar um dia. Confio plenamente nisso, com a fé que vive dentro de mim.

"Obrigada, Senhor!"

Poucos meses depois da cesárea que trouxe minha filha à vida e depois da sua partida, eu fui operada novamente, para a retirada do mioma. Para a surpresa de todos, ele não tinha dez centímetros, mas vinte e cinco. A bola que antes eu podia ver do lado de fora da barriga, quando fora do meu corpo, projetei nela toda a dor e medo indo embora para sempre, junto com o mioma.

Foco minha respiração e imagino a Sophie:

— Como você seria, minha filha? Se pareceria comigo? Ou com seu pai?

"Não importa!"

Gosto da confiança que tenho agora, que tudo o que ocorre em nossas vidas é para um bem maior.

"Ela veio porque tínhamos muito amor para dar a ela, mesmo nos poucos momentos que ficou aqui."

— Você foi e é muito amada, Sophie, você sabe disso, né?

Rio!

"Converso com ela todo dia. Como ela não saberia?"

— Sophie Palermo Pizzi, a reconheço como a minha primeira filha! Você está comigo. E quando, no futuro, seu irmãozinho chegar, você sempre será a primeira! Obrigada por ter vindo como minha filha, Sophie!

Como num passe de mágica, o trânsito começa a andar outra vez.

Respiro fundo e olho para o céu.

— Obrigada por sempre olhar por mim, Sophie! Eu amo você, filha!

"Minha filha!"

Sigo para o trabalho.

Sigo para a vida!

# Alexandra

Eu já era hipnoterapeuta quando encontrei a Mari pela primeira vez, e isso aconteceu justamente num dos vários cursos de hipnoterapia de que participei.

Trabalho como oficial de justiça há mais de uma década e estou satisfeita com a minha vida profissional, mas devido ao meu interesse por desenvolvimento pessoal, e num tempo de lazer que fizesse sentido para mim, comecei a me dedicar à hipnose há quatro anos.

O meu encontro com a Mari deve ter sido um desses encontros de alma, que estão destinados a acontecer, porque foi leve, fluido, quase por acaso, mas jamais sem significado. Um encontro que mudou a minha vida para sempre.

No fundo, acho que a história começa lá atrás, quando eu ainda tinha dezoito anos e passei por uma gravidez inteira, mas devido a um problema na hora do parto, tive que encarar a perda do meu filhinho, quinze dias depois.

"Deus esteja com você, meu filho!"

Esse foi um processo demorado, uma dor que carreguei por anos a fio. E, se bobear, ainda a carrego, porque algumas marcas vivem dentro de nós, como parte do que nos tornamos, ainda que com maior força e maturidade.

Muito tempo depois, fui diagnosticada com um mioma no útero, que foi crescendo até chegar aos nove centímetros e meio e coincidir com uma sequência de hemorragias, que me incomodava demais, já que, por vezes, nem podia sair de casa.

"Um transtorno!"

Meu médico cogitou a retirada do útero, mas considerou que eu ainda era nova e poderia desejar ter filhos. Concordei. No fim, a indicação foi apenas para a retirada do mioma. E, depois da cirurgia, a hemorragia parou.

— Graças a Deus!

A vida pareceu voltar à sua normalidade.

Tentei ser mãe novamente através de fertilização *in vitro*, mas o processo não foi bem-sucedido, o que me permitiu entender que a maternidade não era algo para mim.

"Acho que minha missão não é ser mãe."

Um ano depois, a hemorragia voltou e, mesmo sem o mioma, não tinha nada que interrompesse o fluxo. Uma nova cirurgia foi indicada, dessa vez, da retirada do útero. Já aos quarenta e quatro anos, me resignei, pois já tinha desistido da ideia de ter outro filho.

Segui com resiliência. Nunca me fiz de vítima de circunstância nenhuma.

Eu estava com a guia do plano de saúde, pronta para buscar a autorização para a retirada do útero, no mesmo momento em que a Mari me convidou para participar de um de seus cursos, relacionados ao seu Instituto:

— Alexandra, você vai ter que fazer uma sessão de terapia Mind-Ser com hipnoterapia comigo para fazer o curso!

Fico atônita:

— Oi?

A Mari me explica:

— Isso mesmo, para você ser uma líder que inspira, você tem que estar curada!

— Mas curada de quê?

— Não sei, nós vamos descobrir. Nós sempre estamos nos curando de alguma coisa.

"Faz sentido!"

De imediato, achei a informação engraçada, porque eu já era hipnoterapeuta e atendia meus próprios pacientes, não sabia o que poderia curar em mim naquele momento, pois estava me sentindo bem internamente.

Pensei nos tantos pacientes que estava ajudando, como um jovem de vinte e oito anos que foi viciado em cocaína durante dez anos. O rapaz que acompanho está livre das drogas há dois anos e, como tantos outros, se tornou meu amigo devido à gratidão que sente com o processo.

"A hipnoterapia é um processo libertador e curativo! Por que não?"

É claro que eu gostei da ideia de fazer a sessão com a Mari, só não percebi o tamanho da oportunidade que estava batendo à minha porta.

Eu já havia feito outras sessões de hipnoterapia em outros cursos e, talvez por isso, naquele instante, não me atentei à verdade de que o ser humano é como uma cebola, cheio de camadas: curamos uma ferida hoje e logo abaixo aparece outra para trabalharmos, e assim por diante.

Quando a sessão começou, comentei com a Mari sobre o problema da hemorragia.

— Vamos olhar para isso então, Alexandra!

"Será?"

Achei interessante, porque não havia cogitado a possibilidade de levar o problema para a terapia. E o resultado foi inesperado!

Como profissional da área, sei que as questões relacionadas à saúde física, às vezes, são mais difíceis de se curar que um problema emocional, considerando uma única sessão, mas gostei do desafio.

A Mari é uma profissional única e experiente! Ela conseguiu me levar para o momento em que ainda estava no útero da minha mãe, e lá, eu ouvia minha mãe dizendo para ela mesma:

— É difícil, é muito difícil!

E aquilo me tocava como um eco, que ficava repetindo o tempo todo:

— É difícil, é muito difícil!

A sessão, que durou duas horas, me fez compreender as tantas dificuldades por que minha mãe passou durante a sua gravidez, que foram fatos reais e a influenciaram na minha formação como bebê. Como profissional, não foi difícil conectar o meu problema hemorrágico com a informação que registrei no meu inconsciente no período gestacional.

"Caramba..."

— O que é o poder do inconsciente, meu Deus?

Se, para a minha mãe, a gravidez foi algo difícil o tempo todo, para mim se tornou inviável. Repetição de padrão!

A sessão com a Mari foi longa, difícil, dolorida, mas maravilhosa, pois me permitiu um processo de cura que nem sabia que precisava, mas que estava afetando a minha vida há anos, na verdade, a vida inteira.

O resultado mais lindo e surpreendente aconteceu. Depois de anos lidando com o mesmo problema, a hemorragia cessou, logo após a sessão. E nunca mais voltou.

"Foi um milagre!"

Eu joguei a guia da cirurgia fora e hoje sou grata por ter o meu útero em meu corpo.

O útero não é somente o órgão que gera vida, mas também nos fornece informações sobre nossas emoções e comportamentos através do ciclo menstrual. É como um centro energético onde pulsa o sagrado feminino, nossa intuição e instintos.

A minha única sessão de terapia MindSer com hipnoterapia com a Mari resguardou o órgão que mais representa a energia feminina. Essa experiência curou meu corpo, minha alma e me poupou do que seria uma desconexão do meu lado feminino mais profundo.

Lá atrás, um dia eu tive que me despedir do meu único filho, já hoje, eu me sinto feliz por estar nessa trajetória de vida e ter tido a compreensão dos seus desígnios. Aceitei que minhas missões neste mundo eram outras e segui em frente, me trabalhando, de camada a camada, e me abrindo para todas as lições que chegam.

Gratidão é pouco para expressar o que sinto!

Foi um resgate do meu feminino, feito com amor, por uma mulher que admiro muito e que se tornou uma grande amiga!

# BÔNUS

Presenteie-se, esta obra literária é viva! As atividades de perdão, autoperdão, amor, amor-próprio, gratidão e libertação, somadas às atividades de felicidade, criatividade, gestão do conhecimento, gestão do tempo, gestão da liderança, gestão de produtividade, *gamification*, teoria dos jogos, gestão da motivação e do encantamento, gestão das emoções, gestão do comportamento e da psicologia positiva, e muito mais, têm um movimento e são atualizadas constantemente.

FSC
www.fsc.org
MISTO
Papel produzido
a partir de
fontes responsáveis
FSC® C133282